hat line

W9-ADT-444

belt line

writing line

shoe line

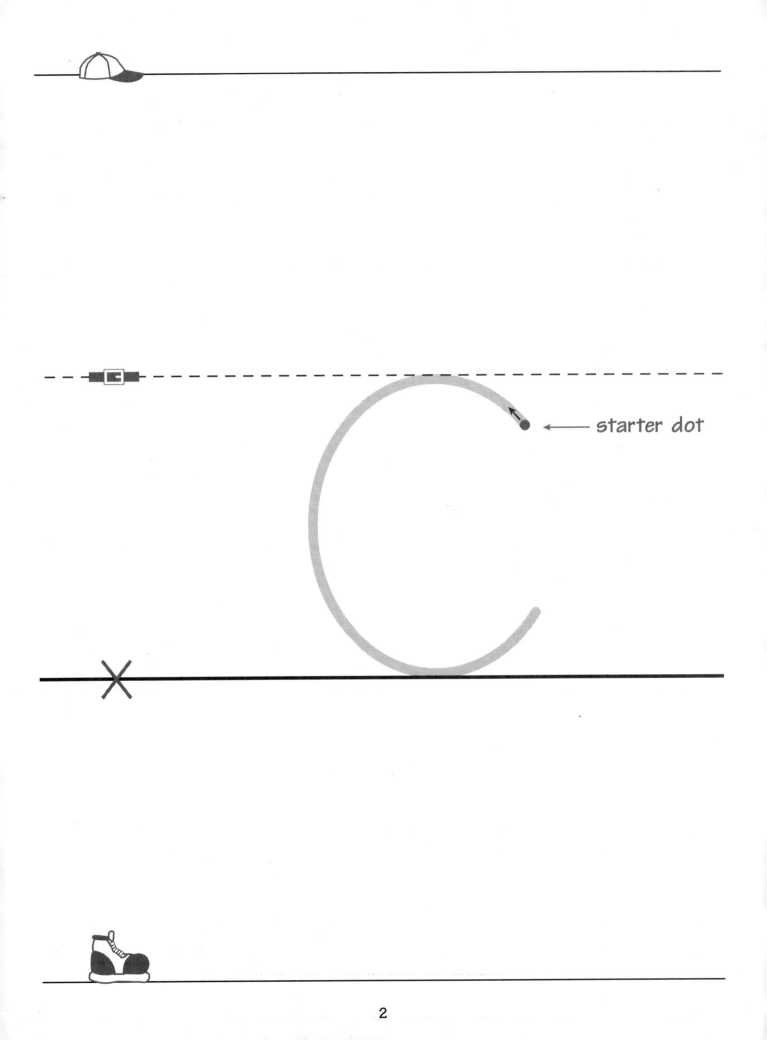

starter dot

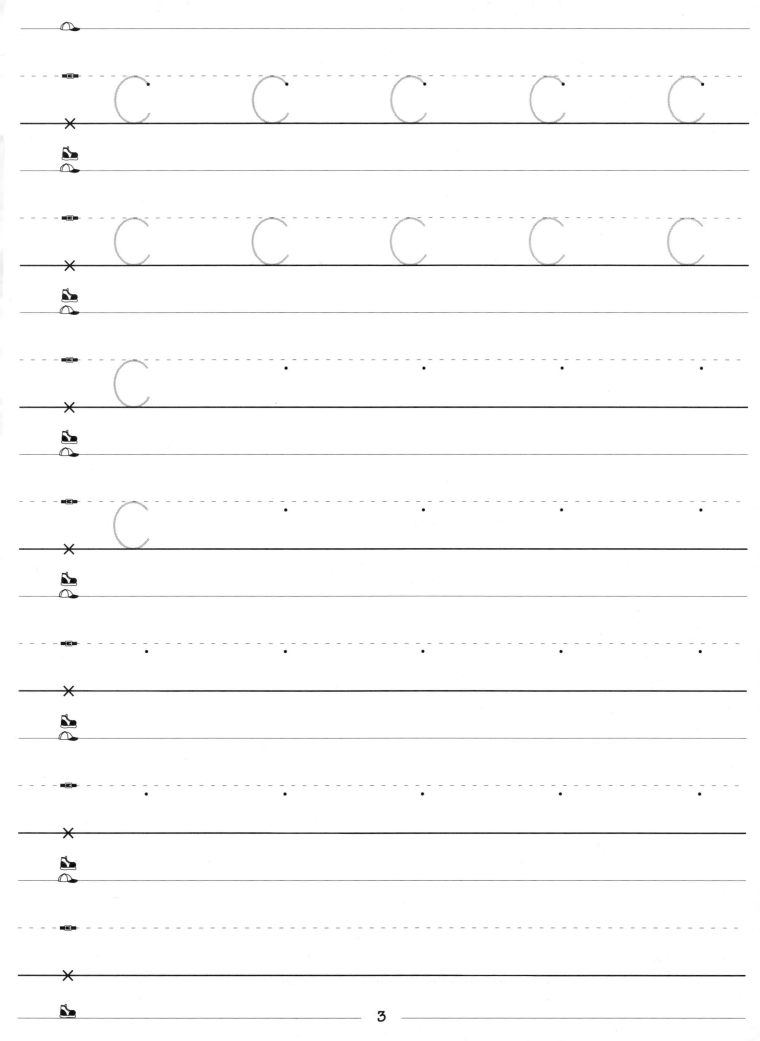

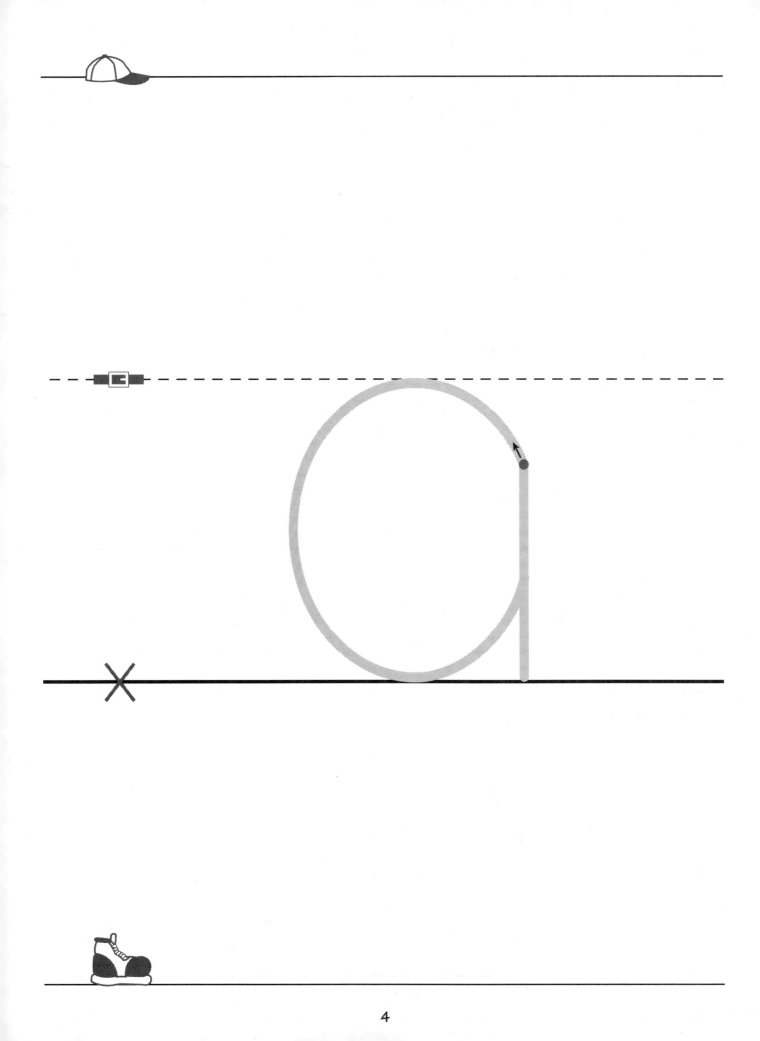

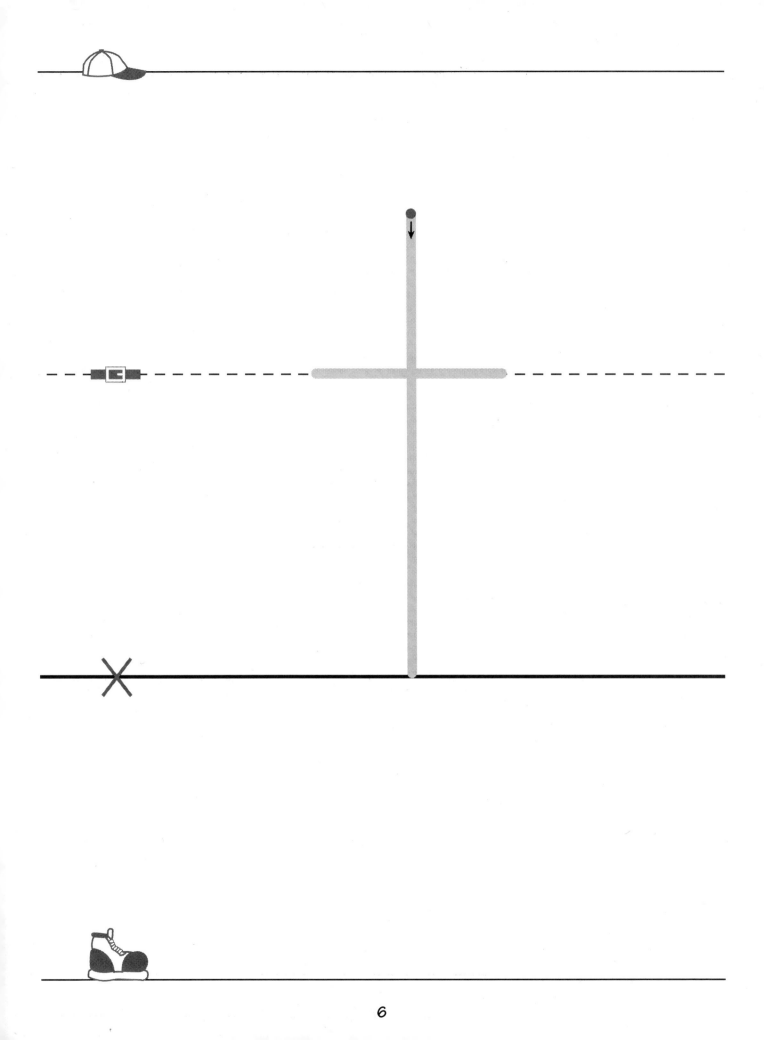

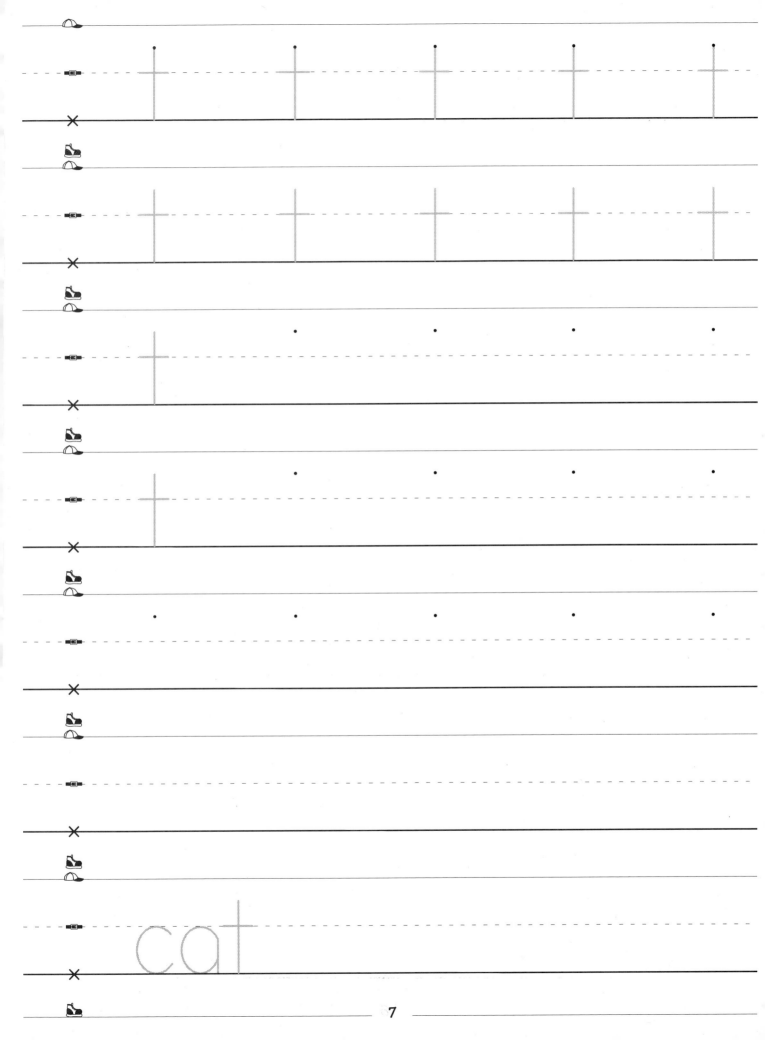

cat

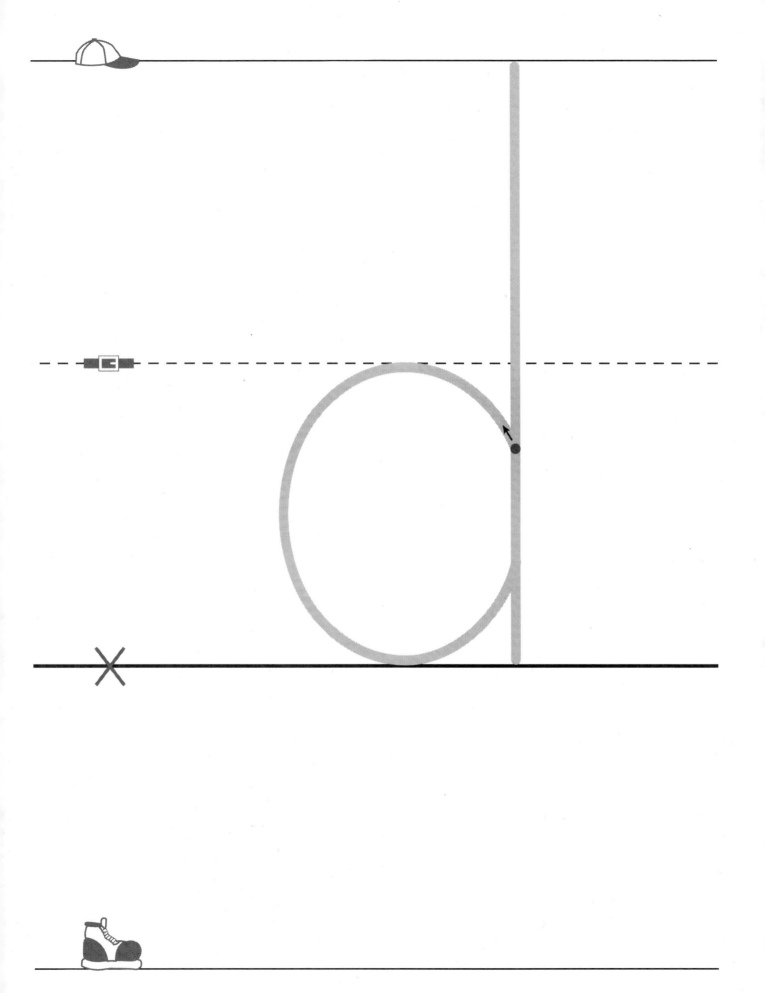

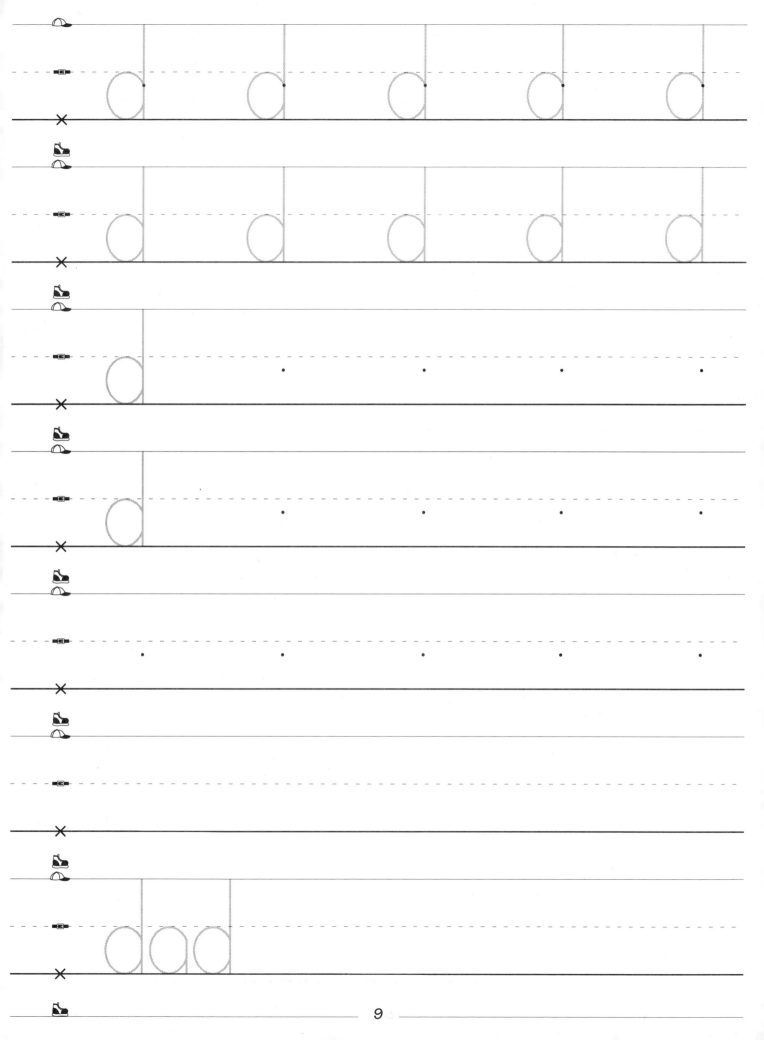

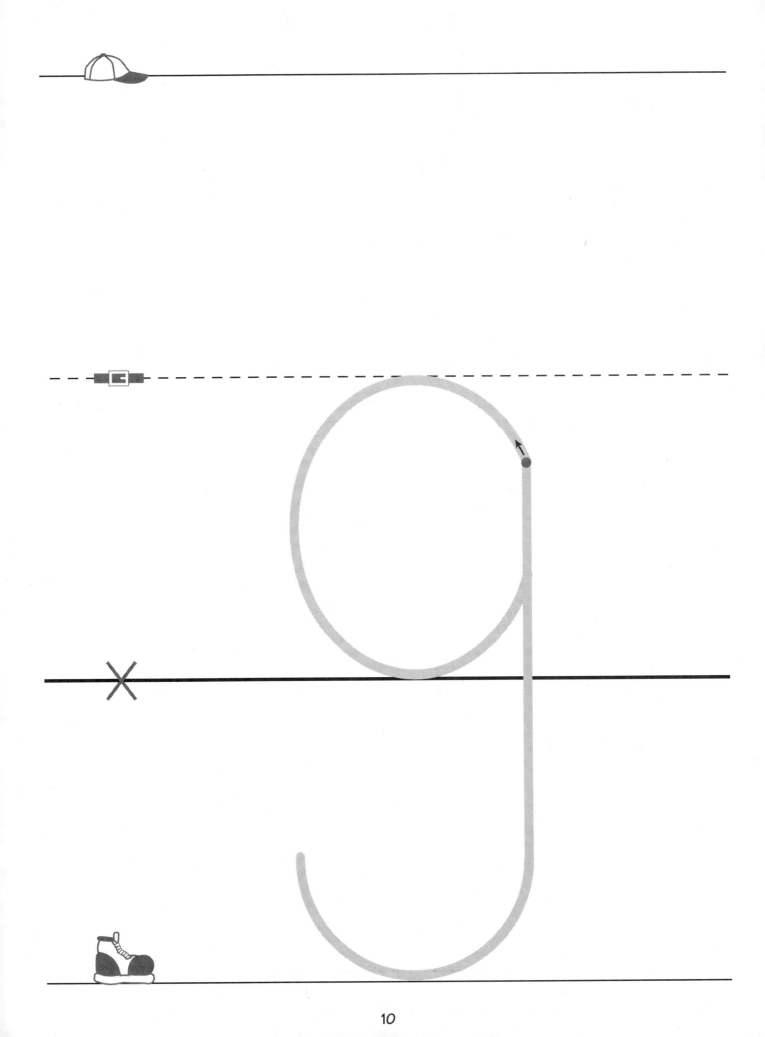

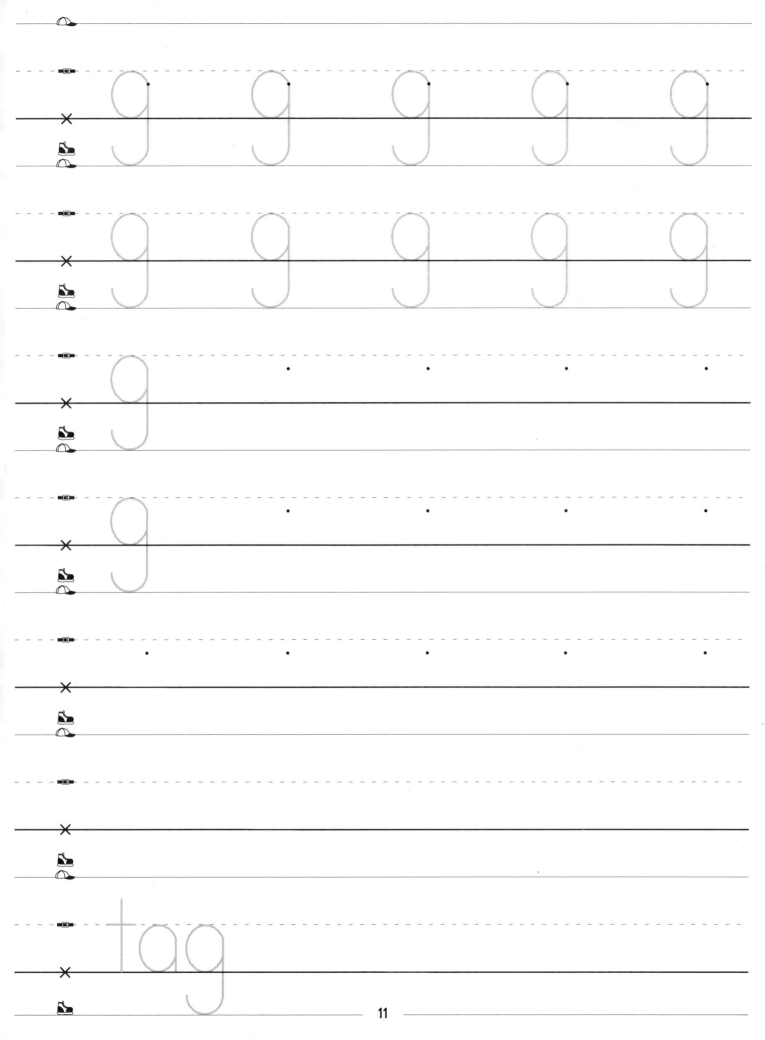

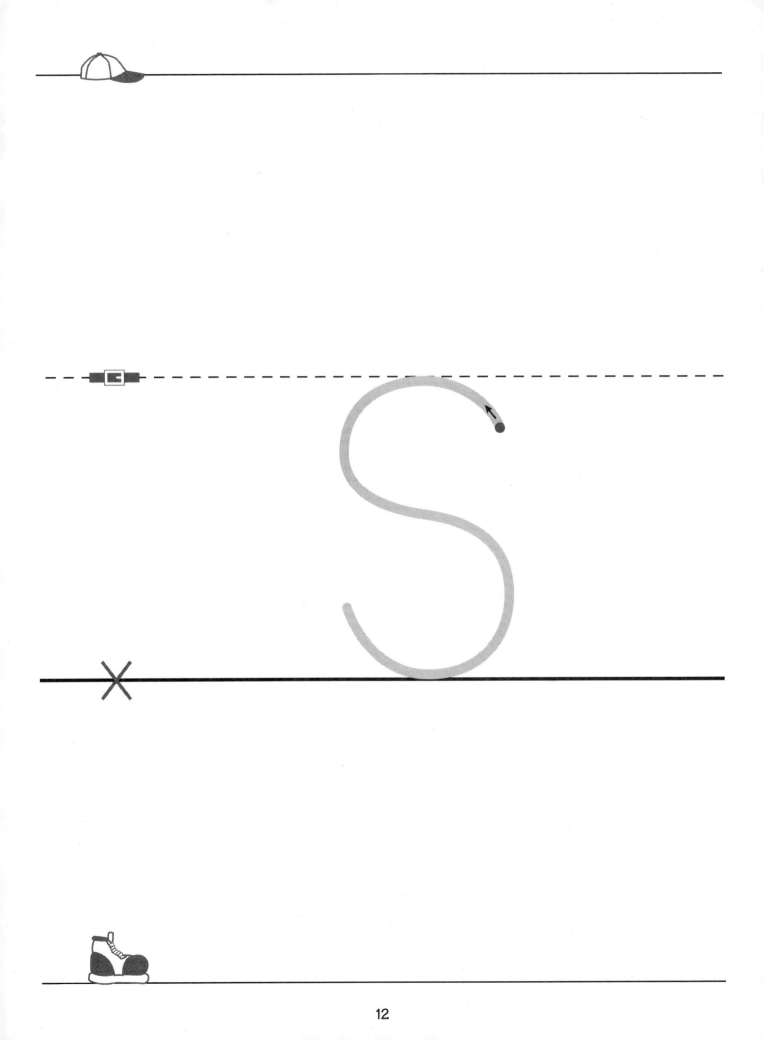

s s   s   s   s

s   s   s   s

s

s

sad

13

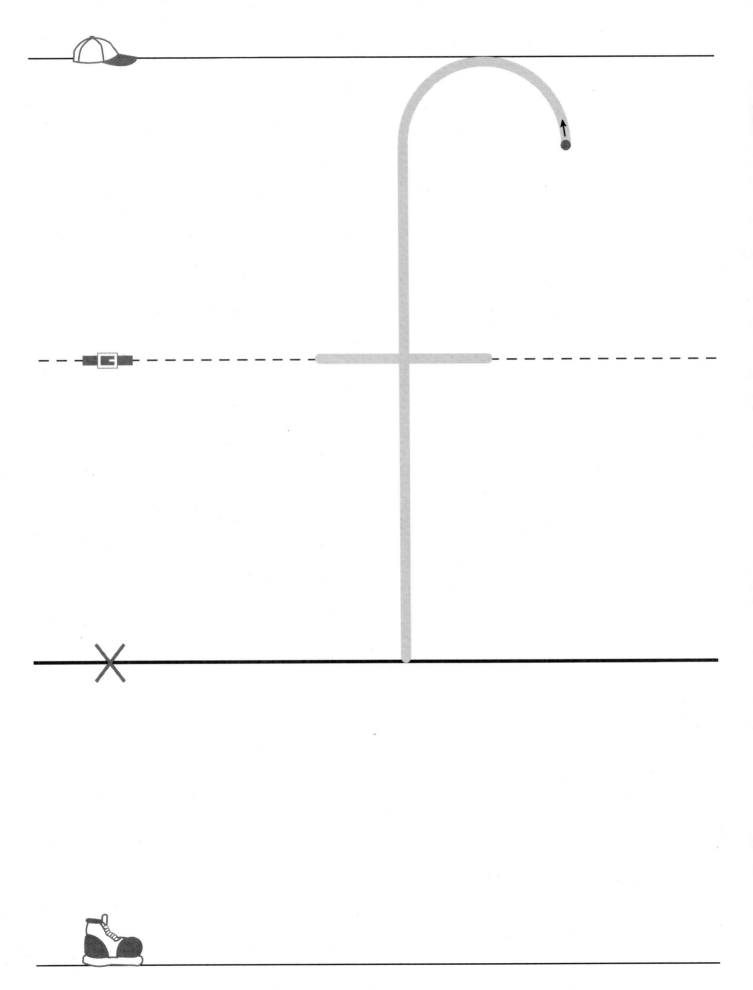

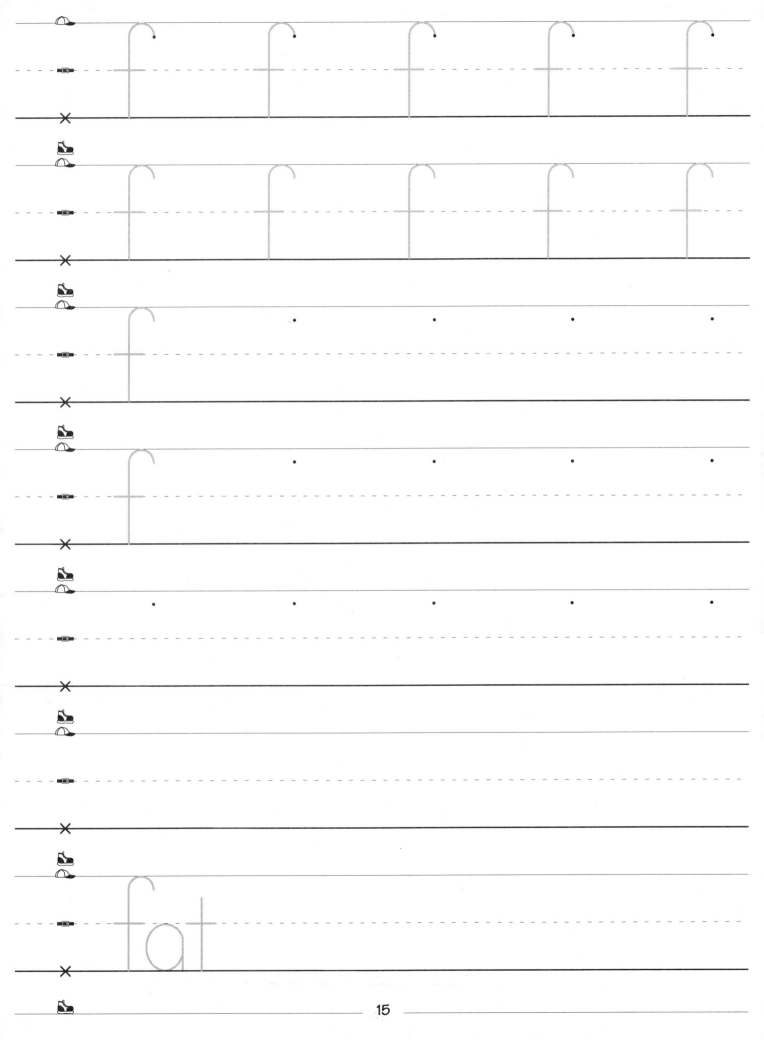

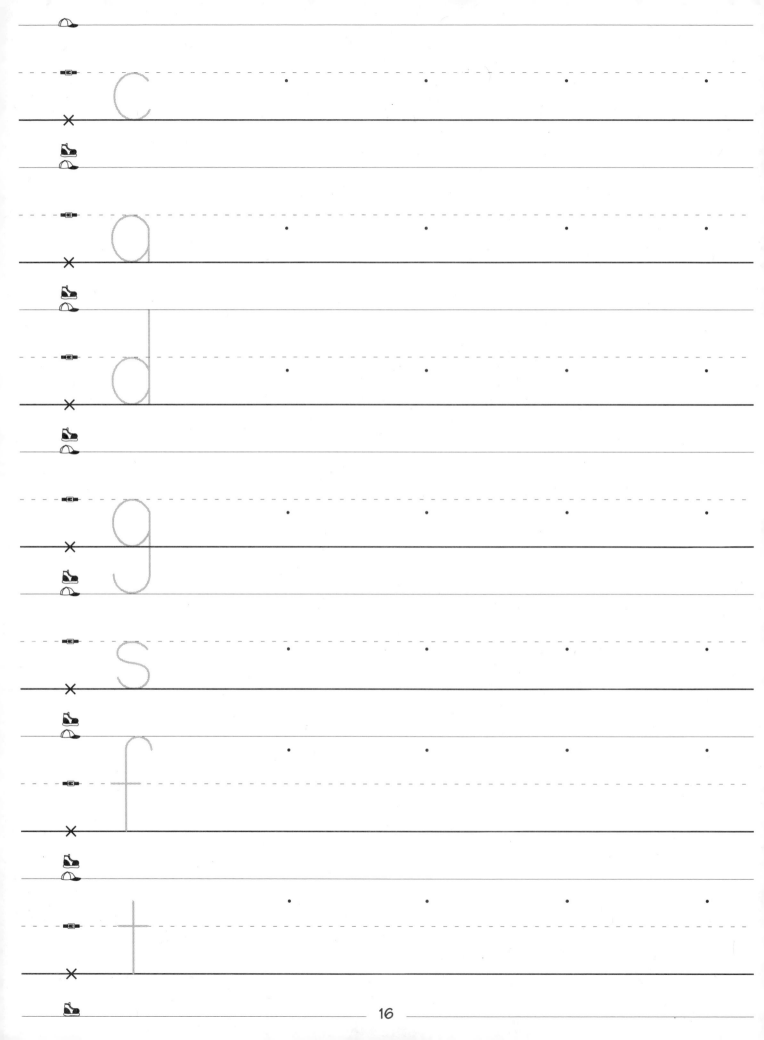

at

cat

sad

fat

gas

sat

dad

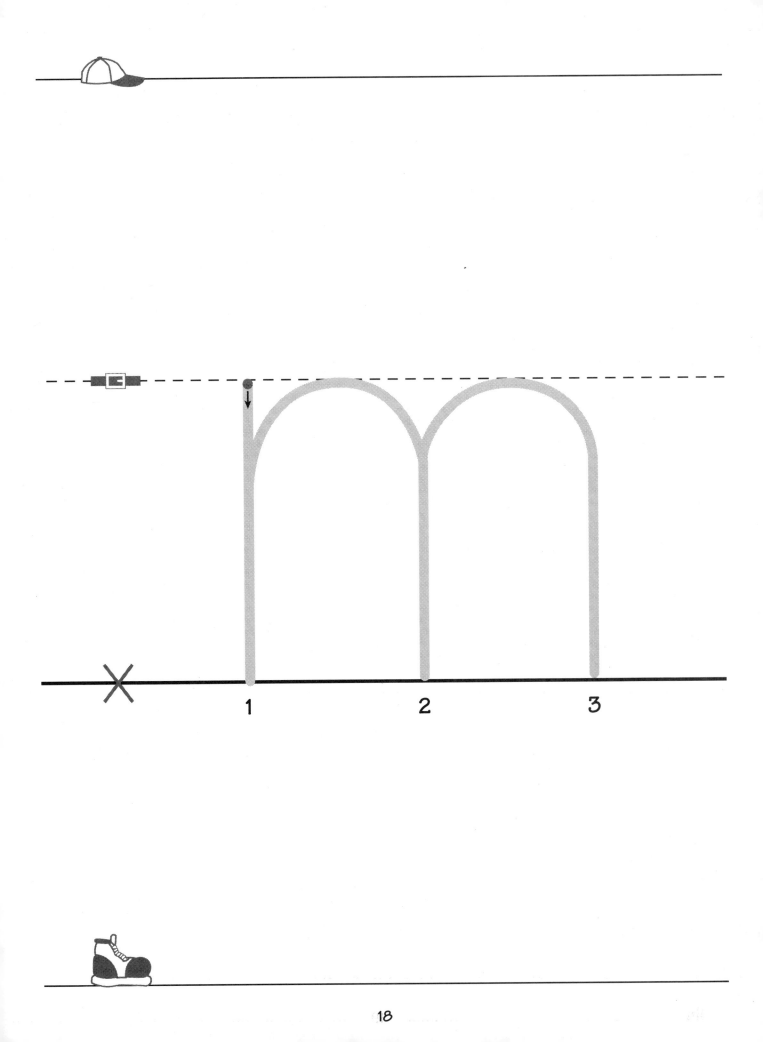

m m m m m

1 2 3

m m m m m

m

m

mad

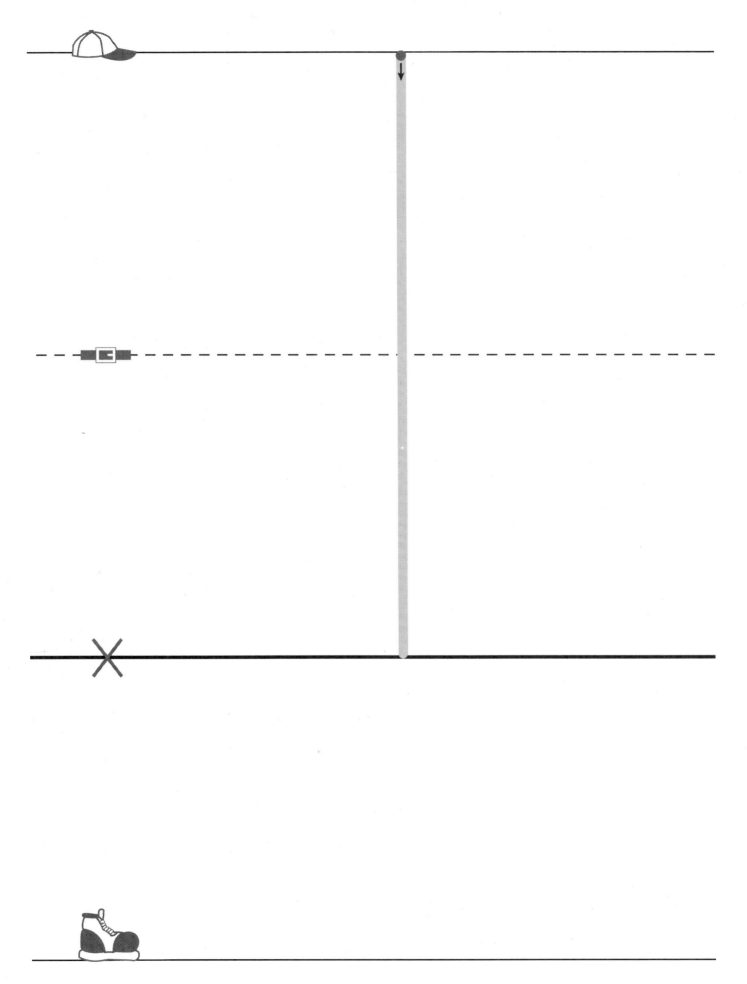

flag

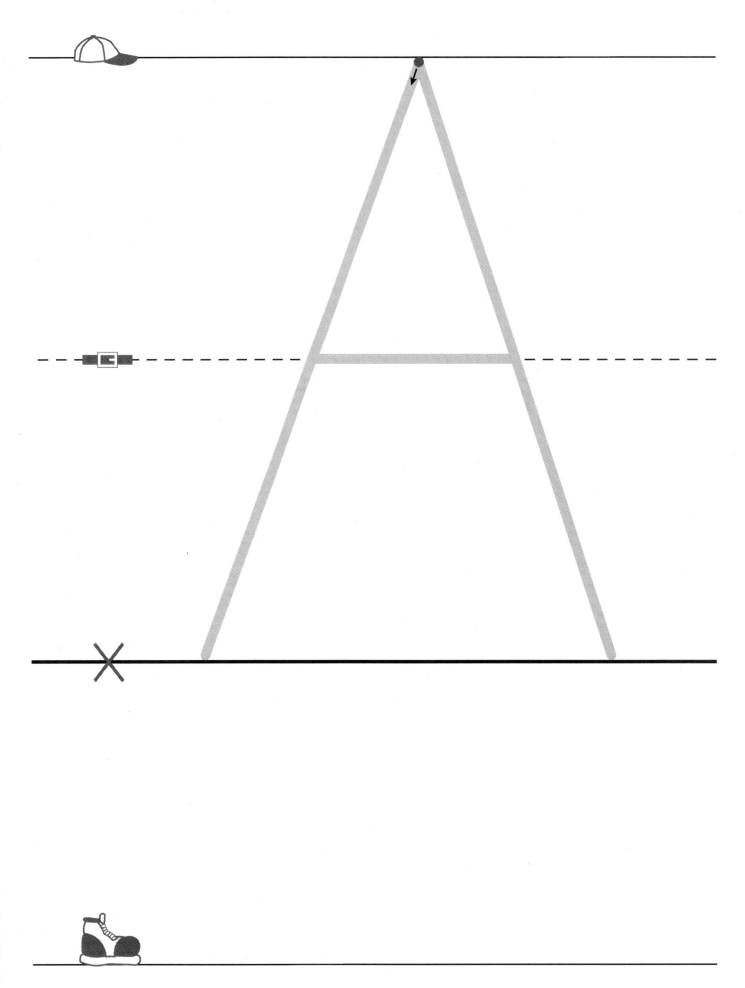

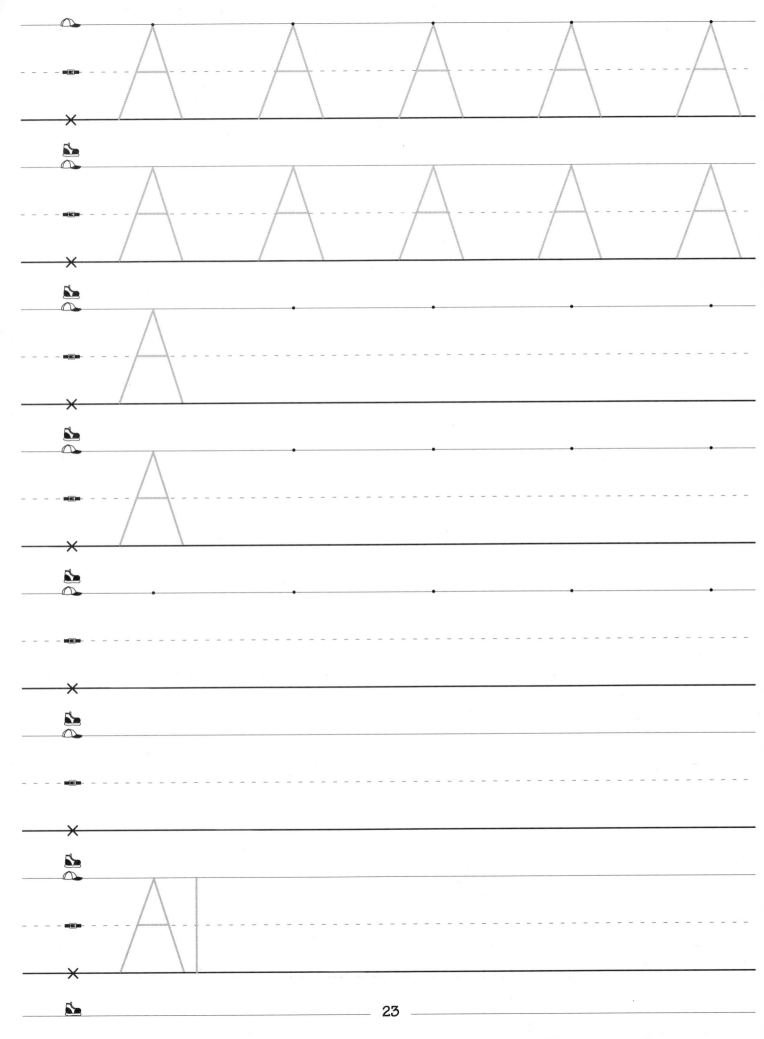

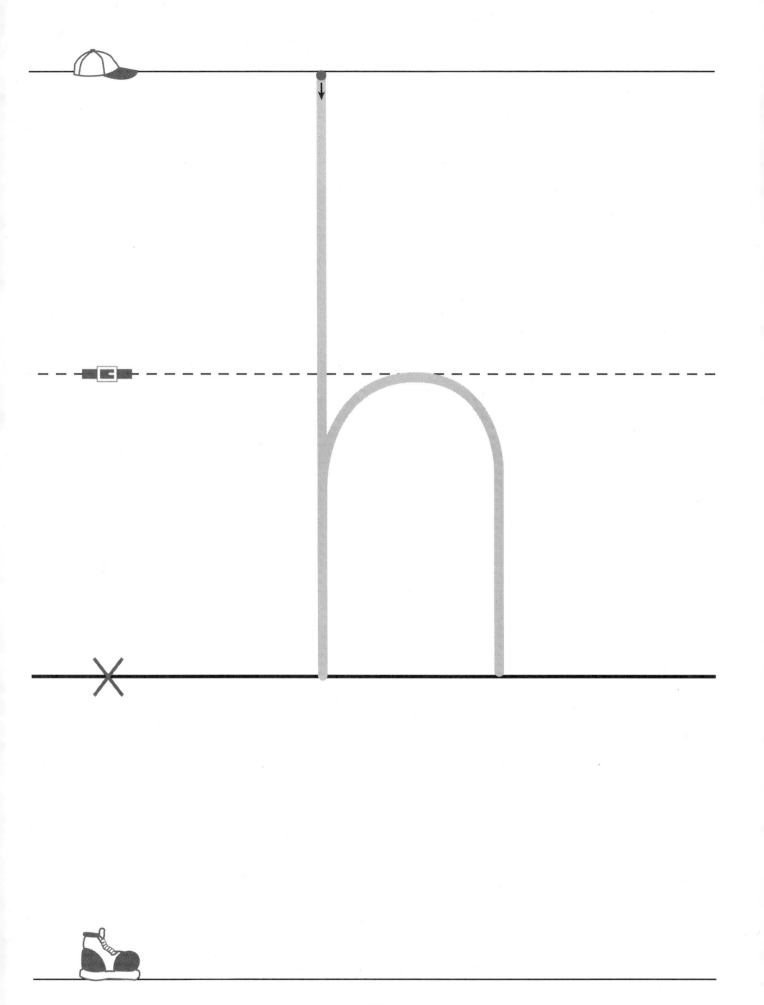

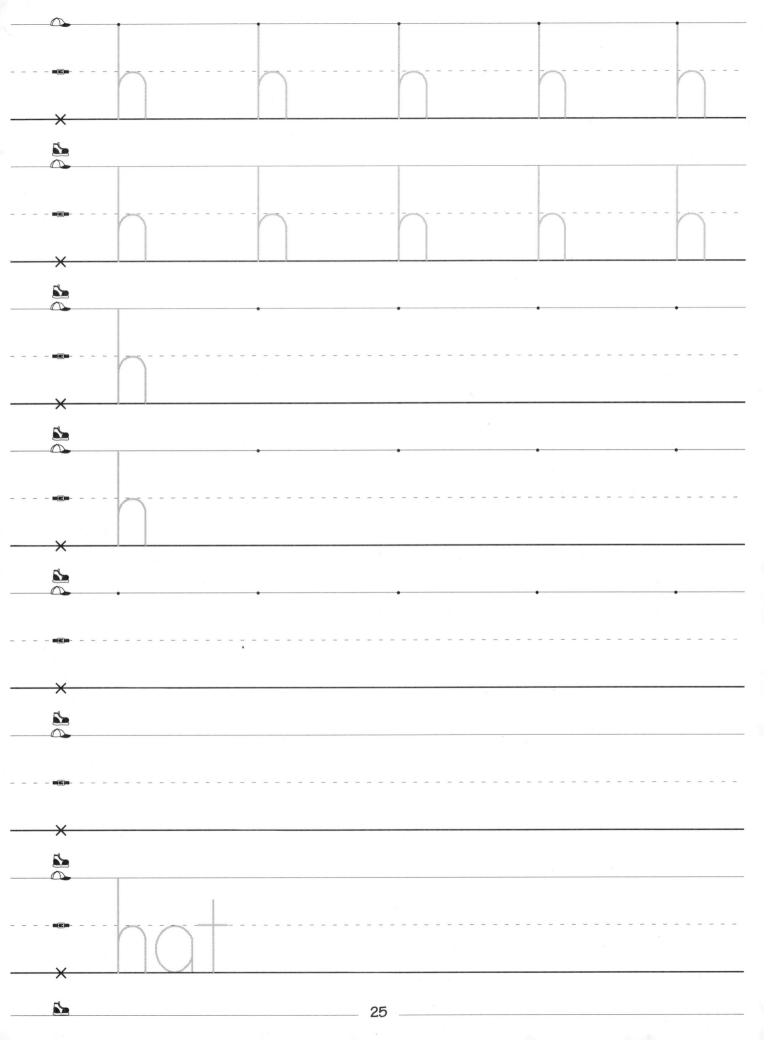

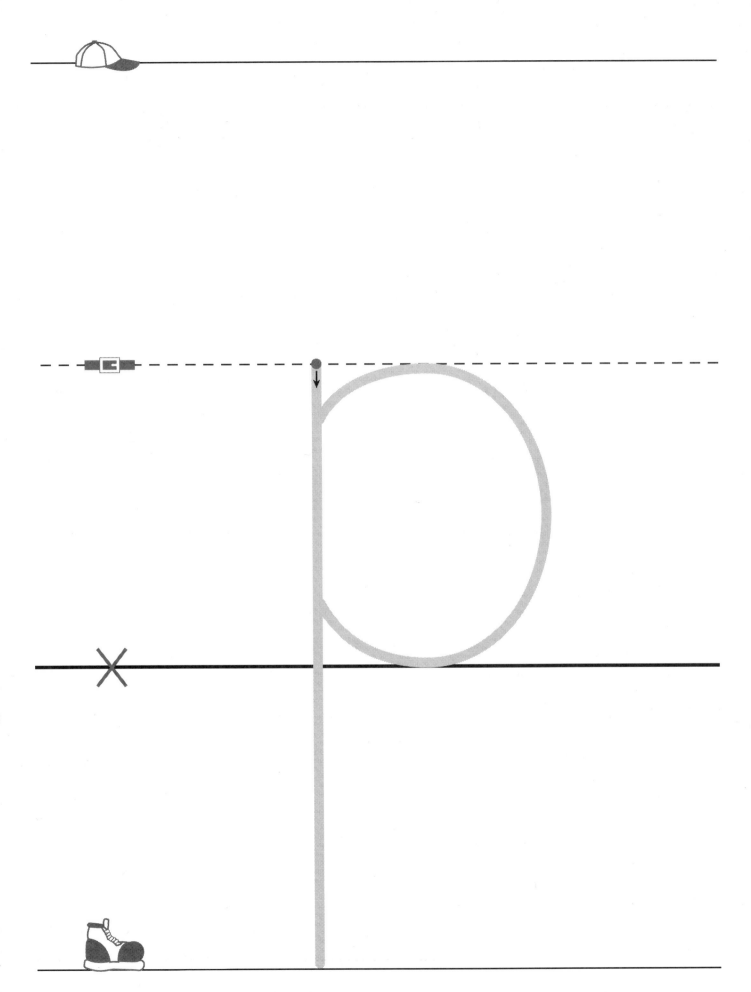

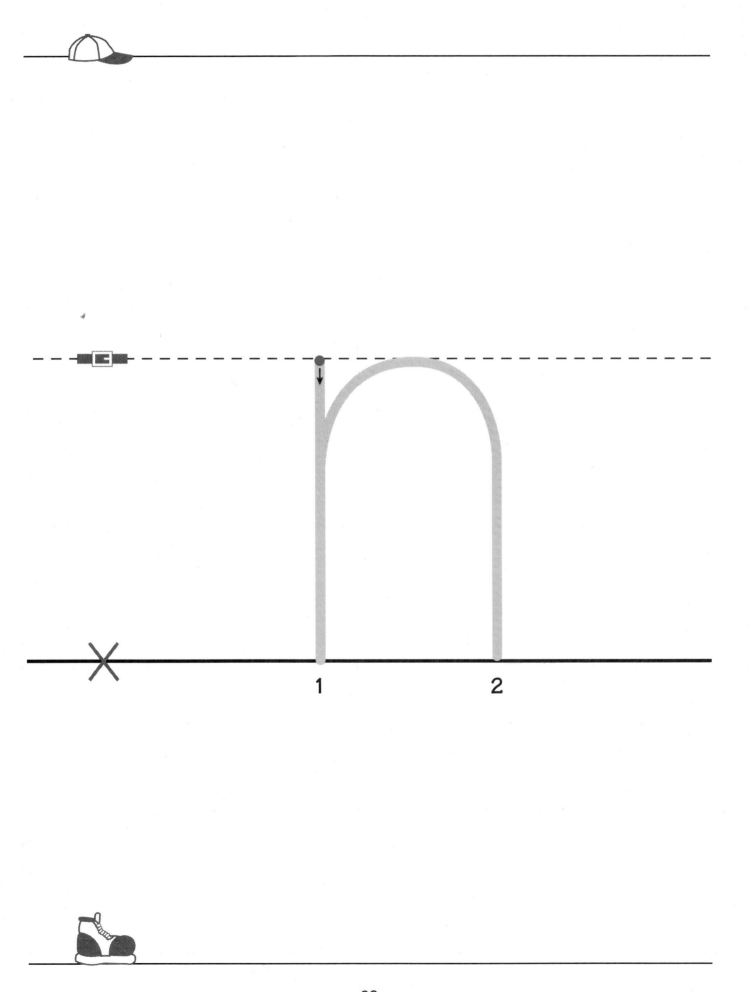

n n n n n

1   2

n n n n n

n

n

pan

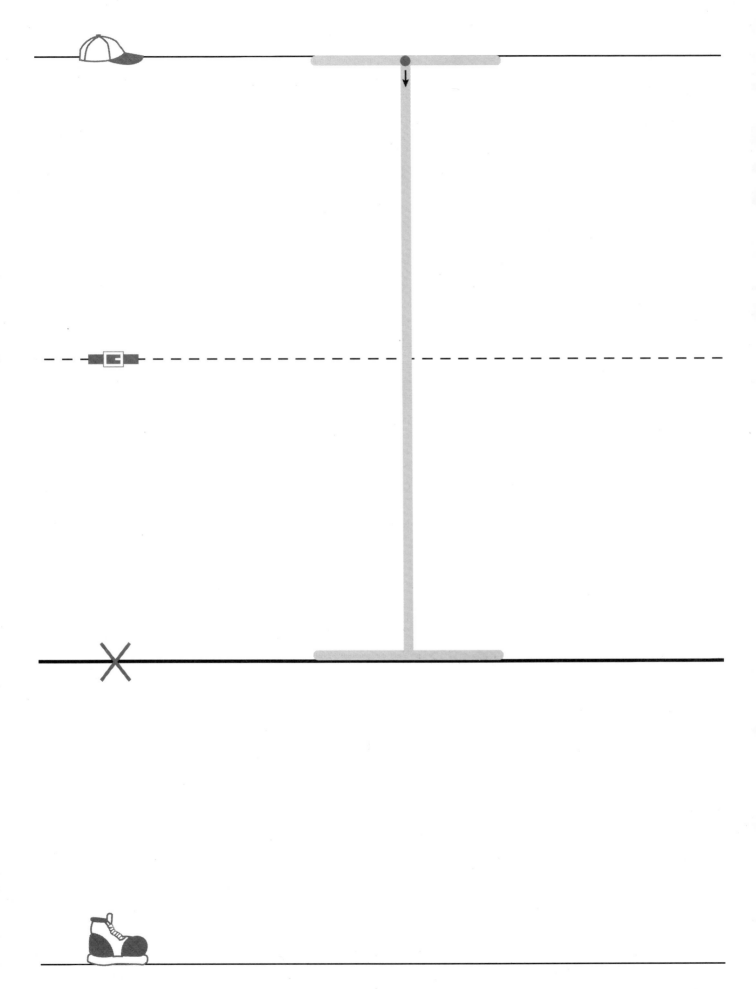

I nap.

I sat.

I am mad.

Al can nap.

A man sat.

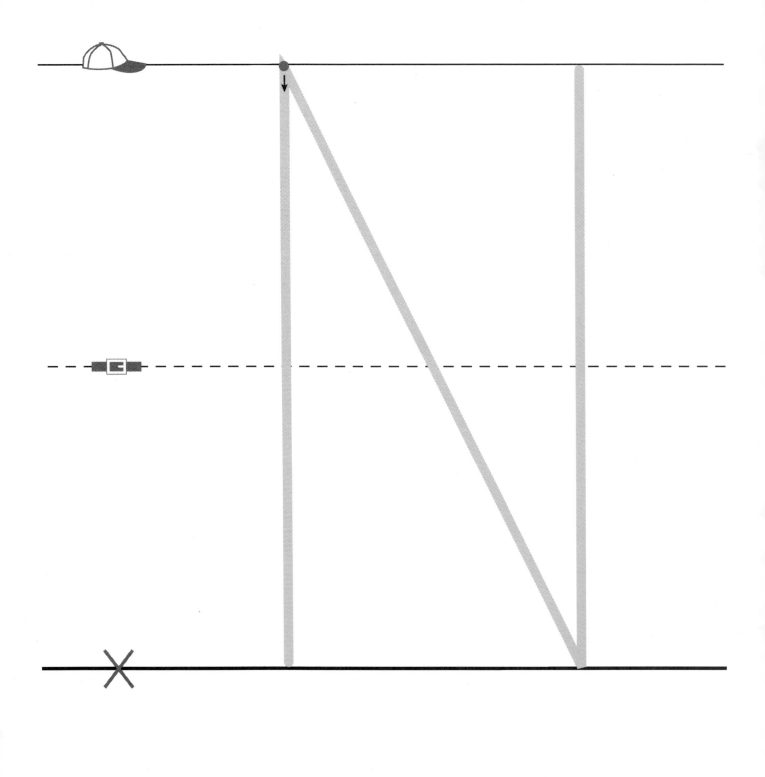

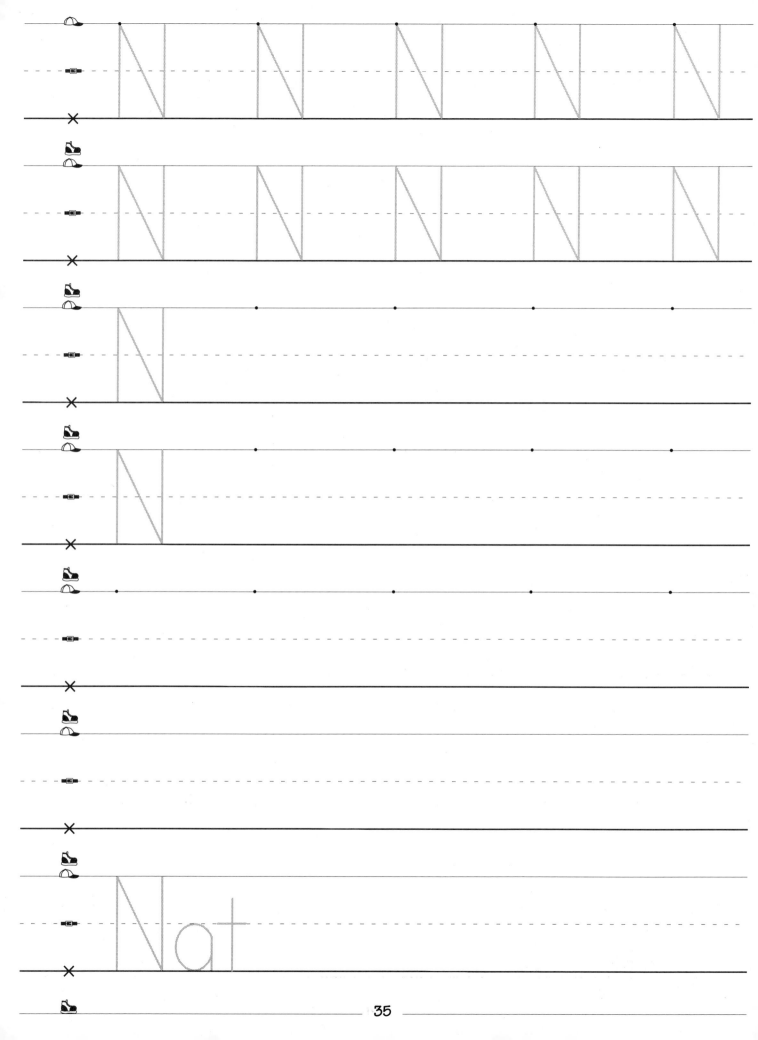

N N N N N

N N N N N

N

N

Nat

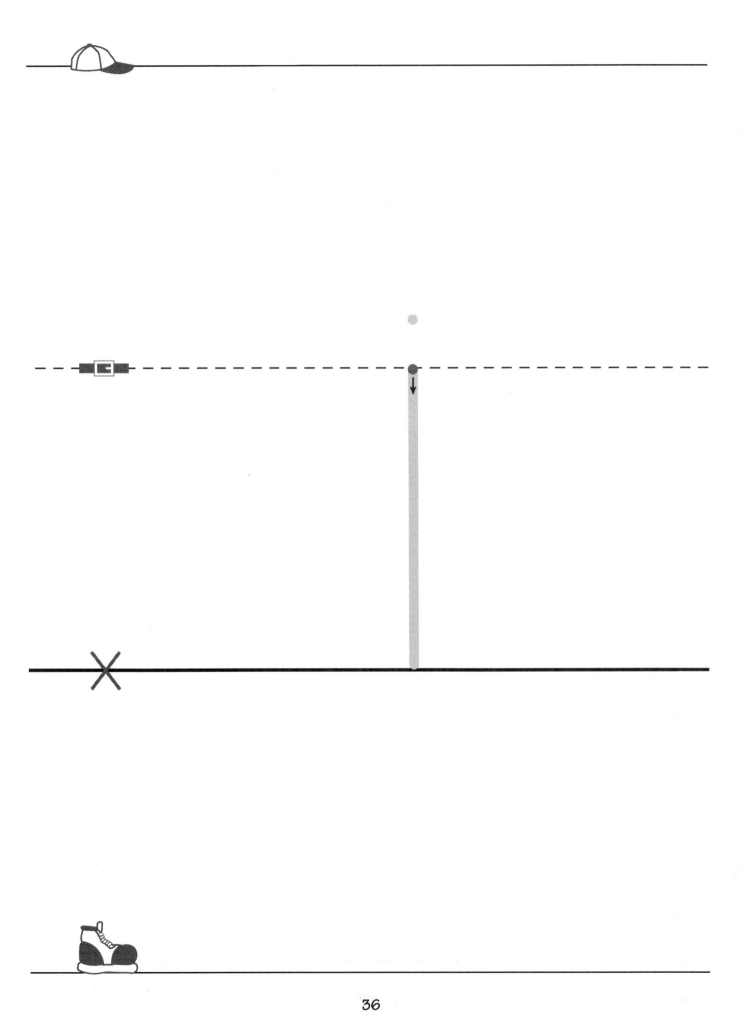

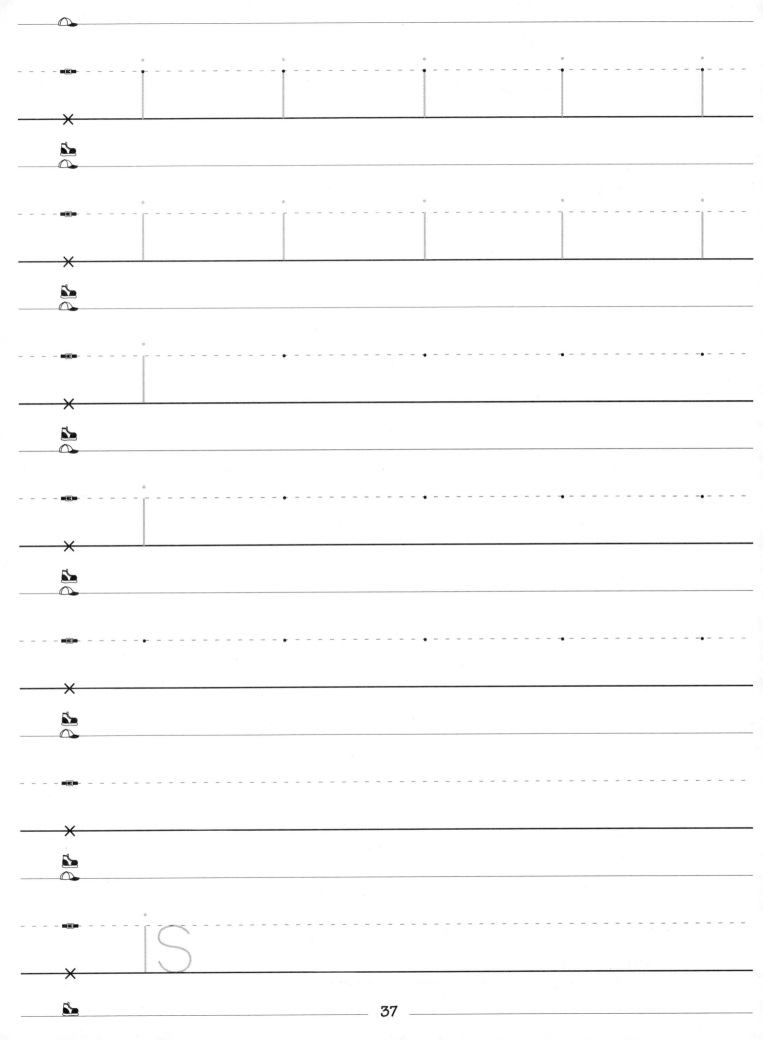

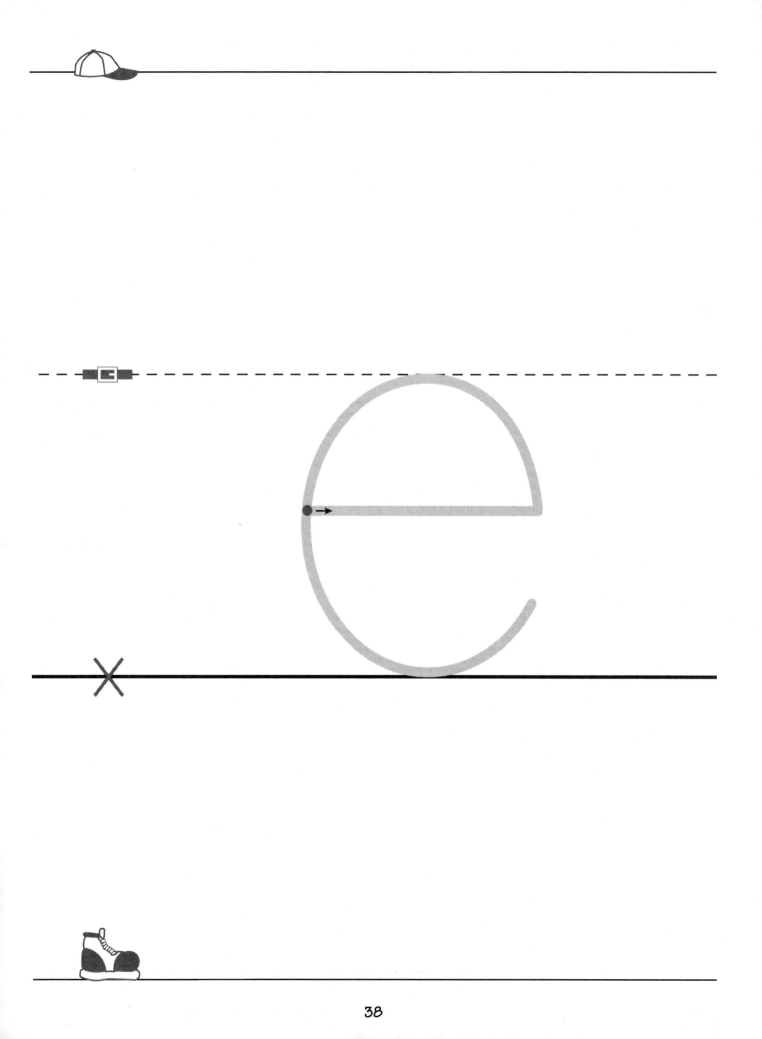

e e e e e

e e e e e

e · · · ·

e · · · ·

· · · · ·

the

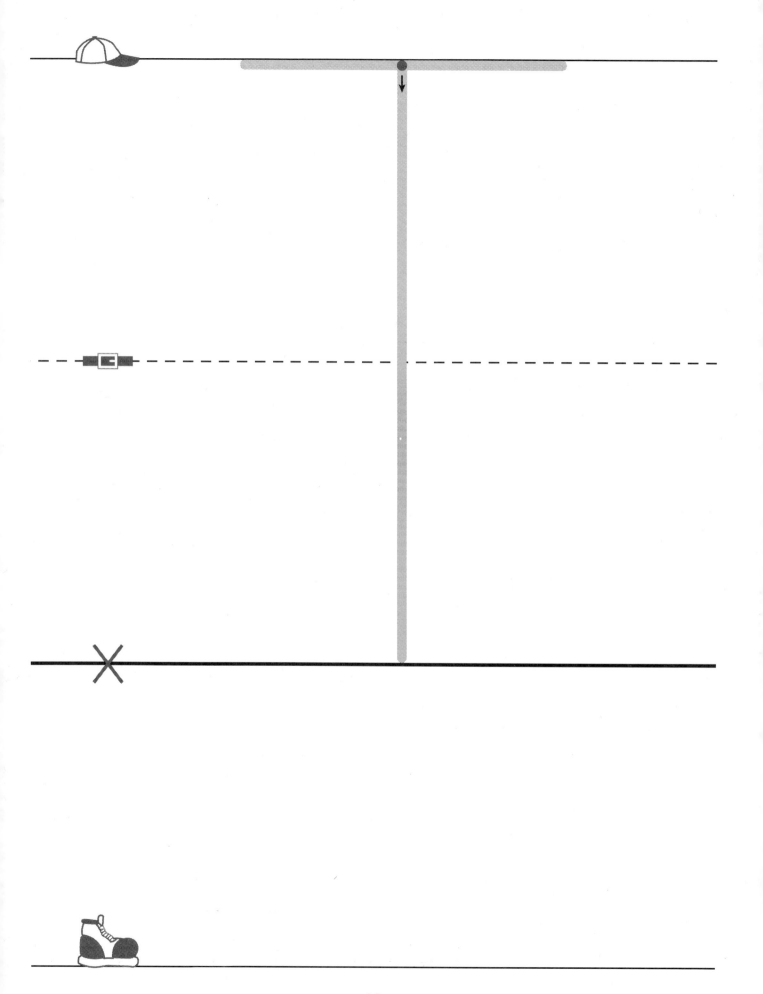

I am

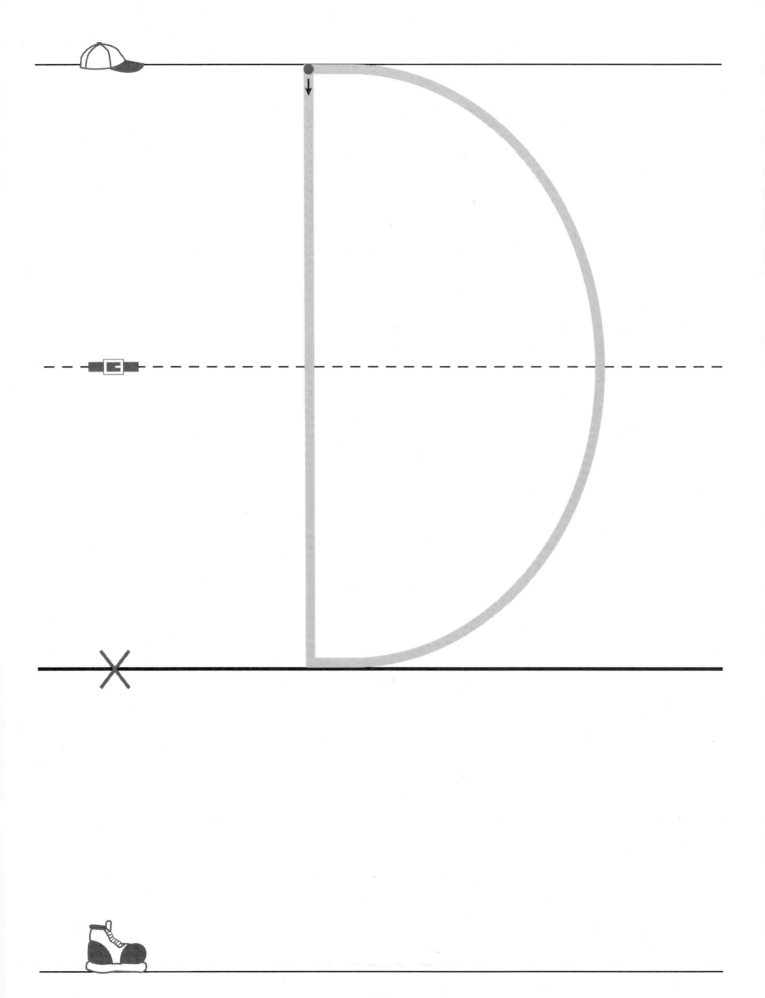

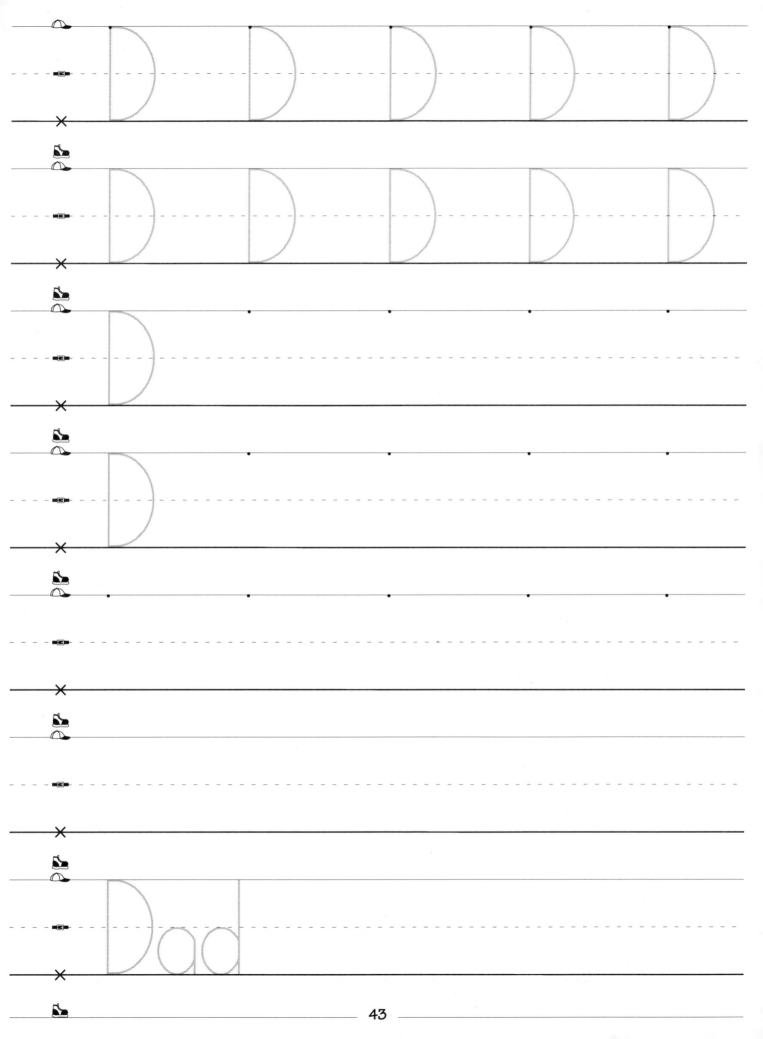

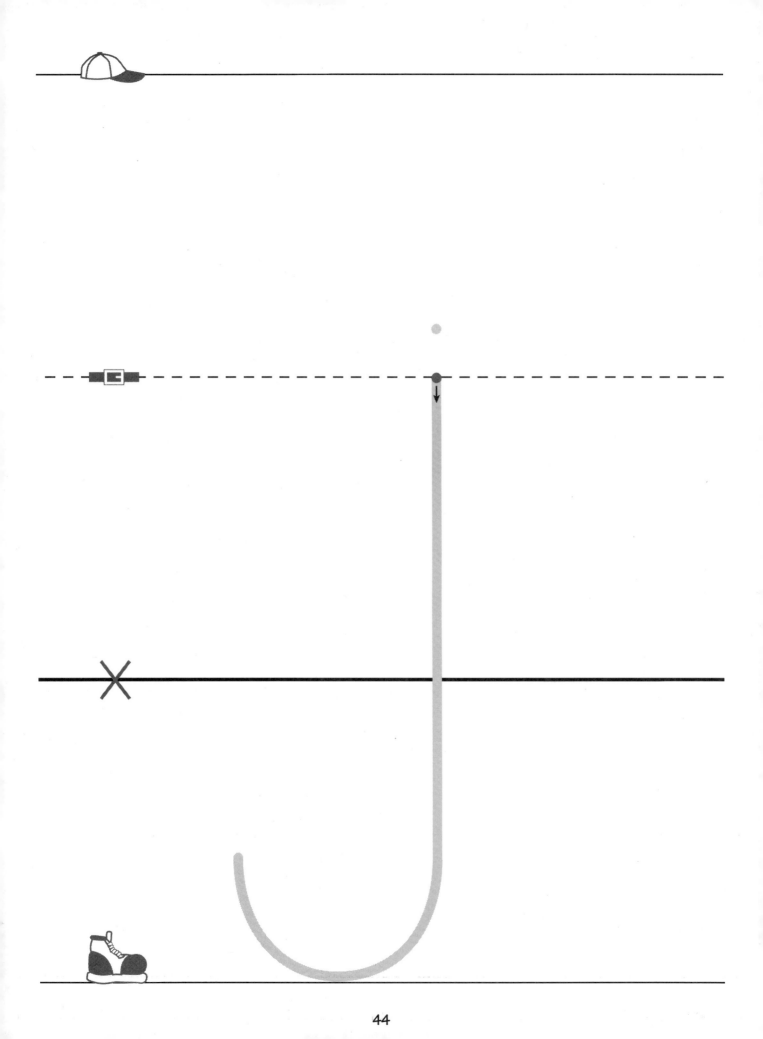

J J J J J

J J J J J

J

J

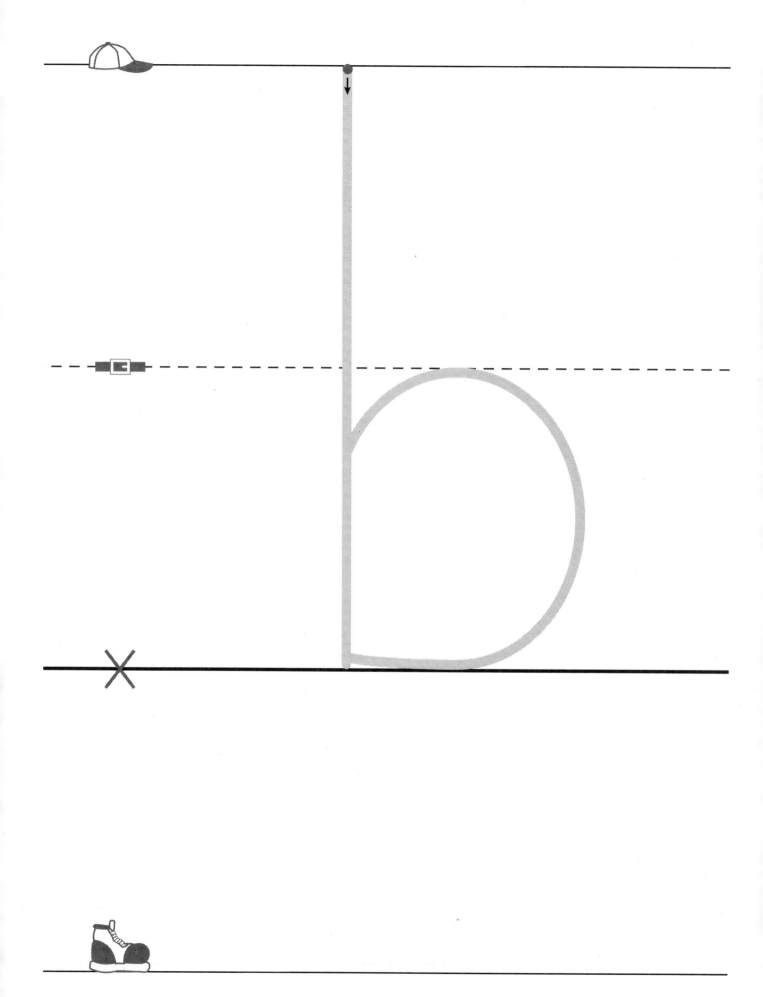

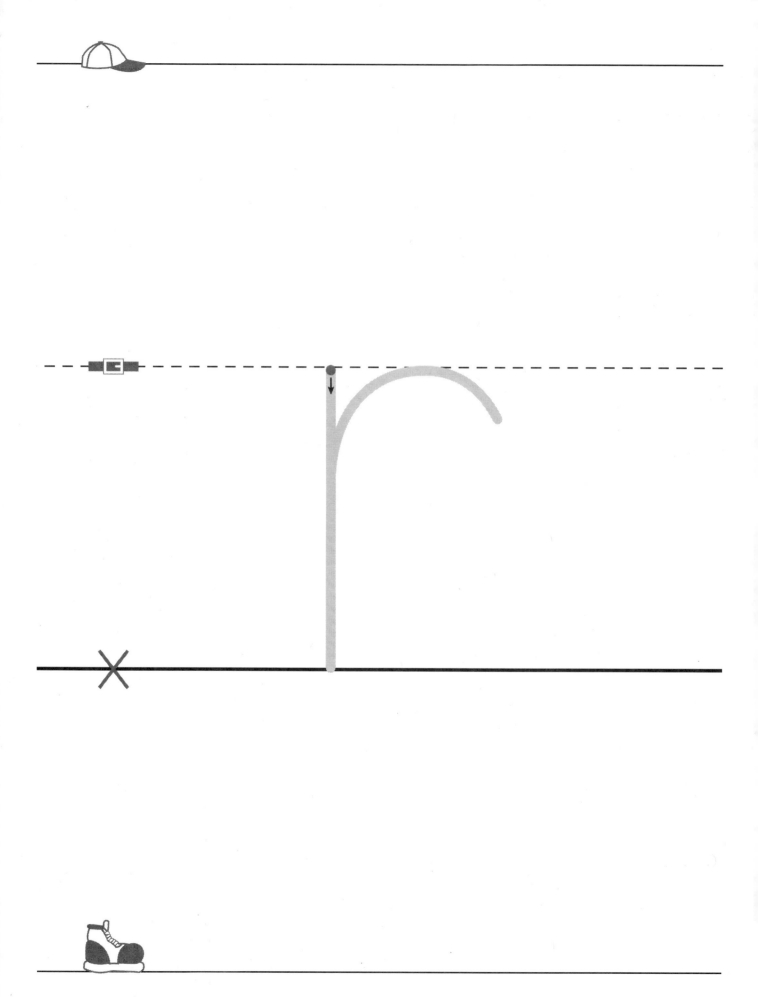

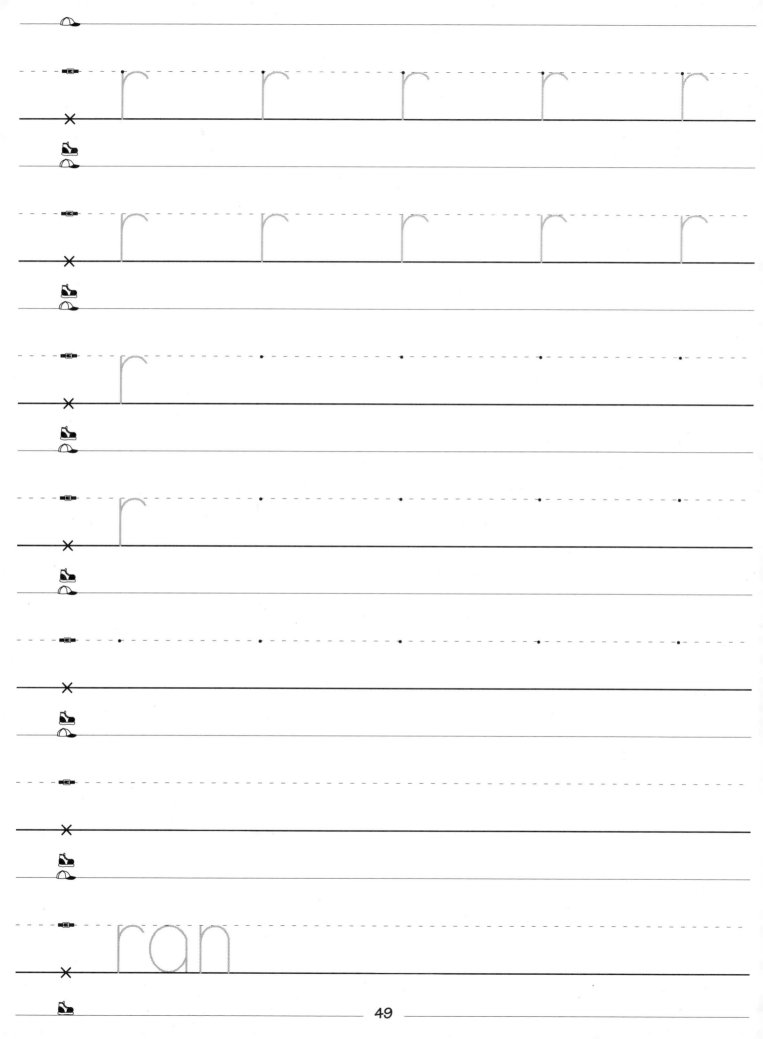

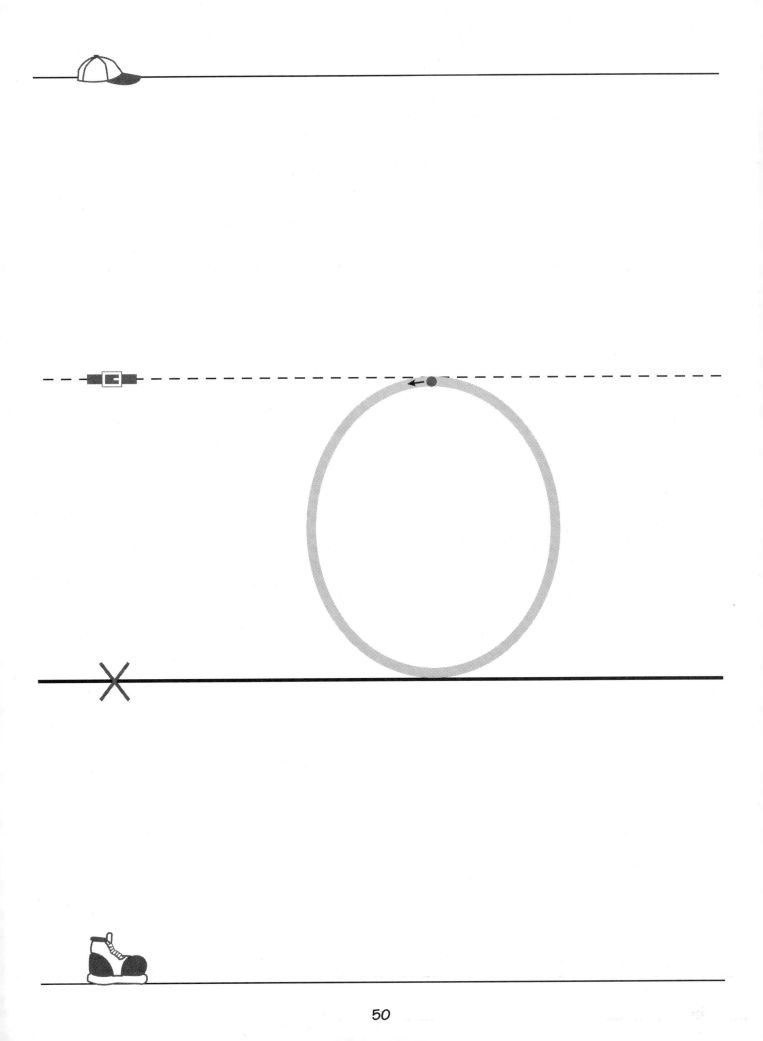

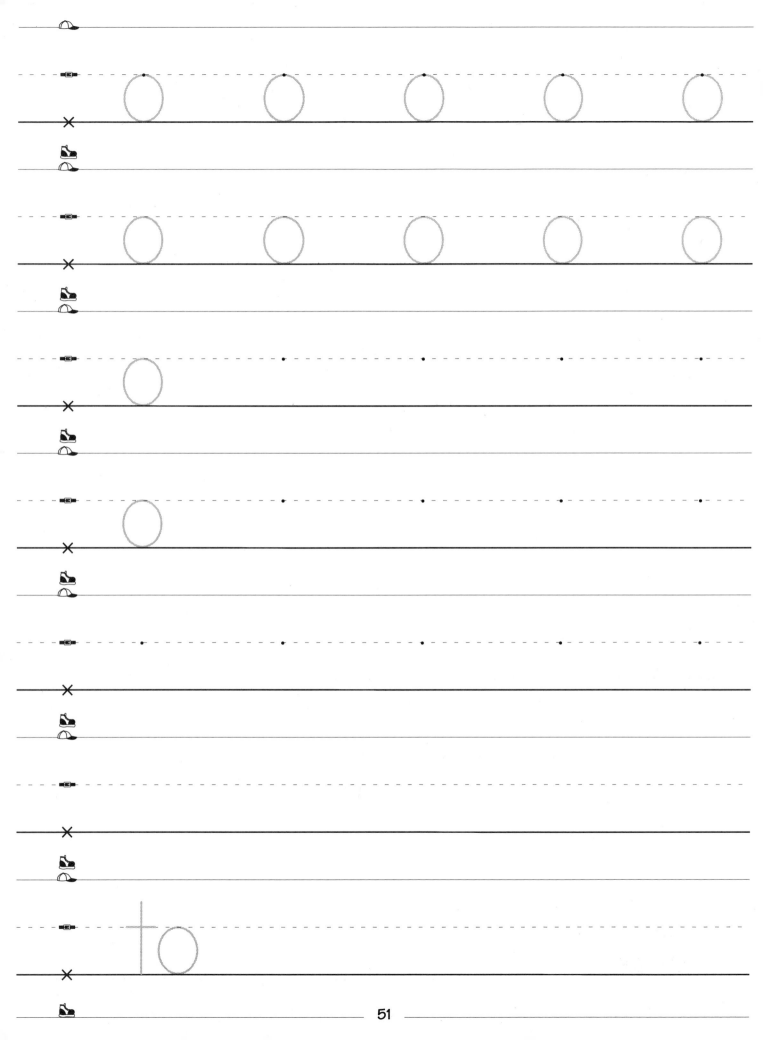

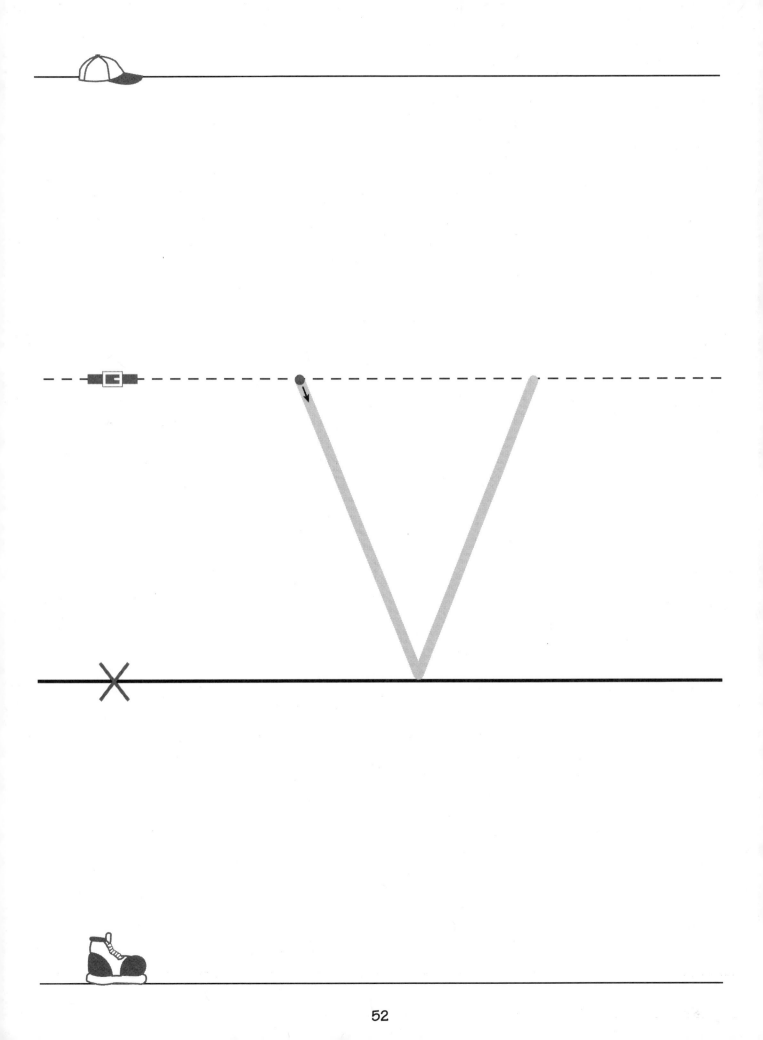

V V V V V

V V V V V

V

V

van

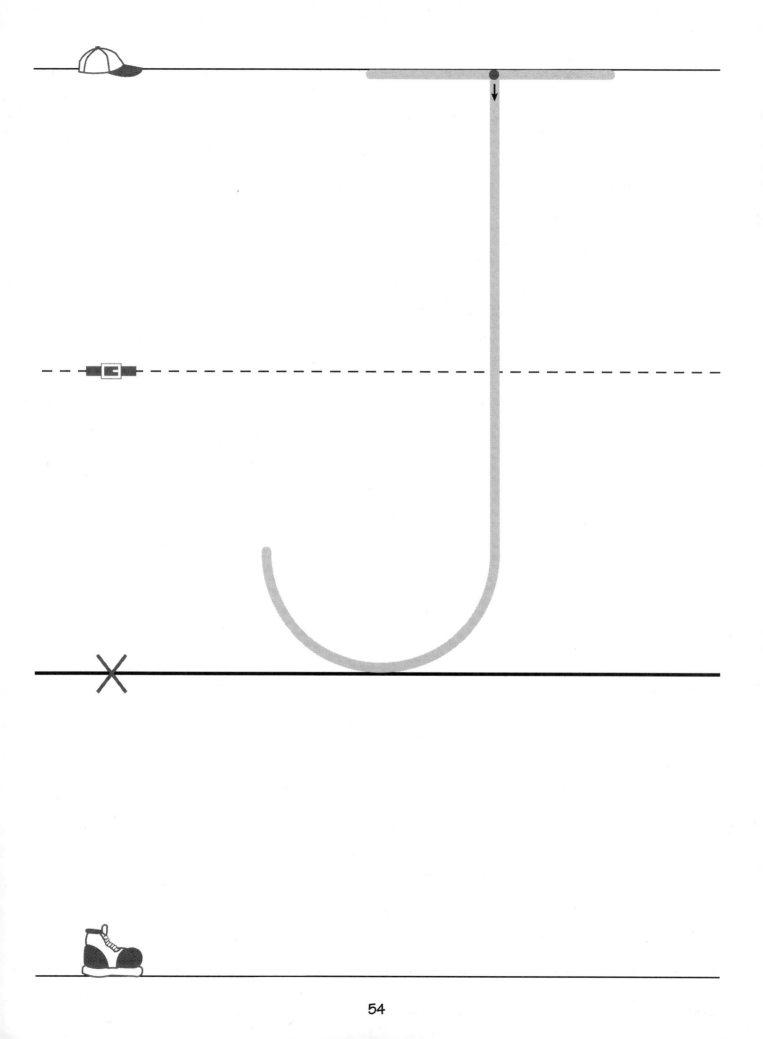

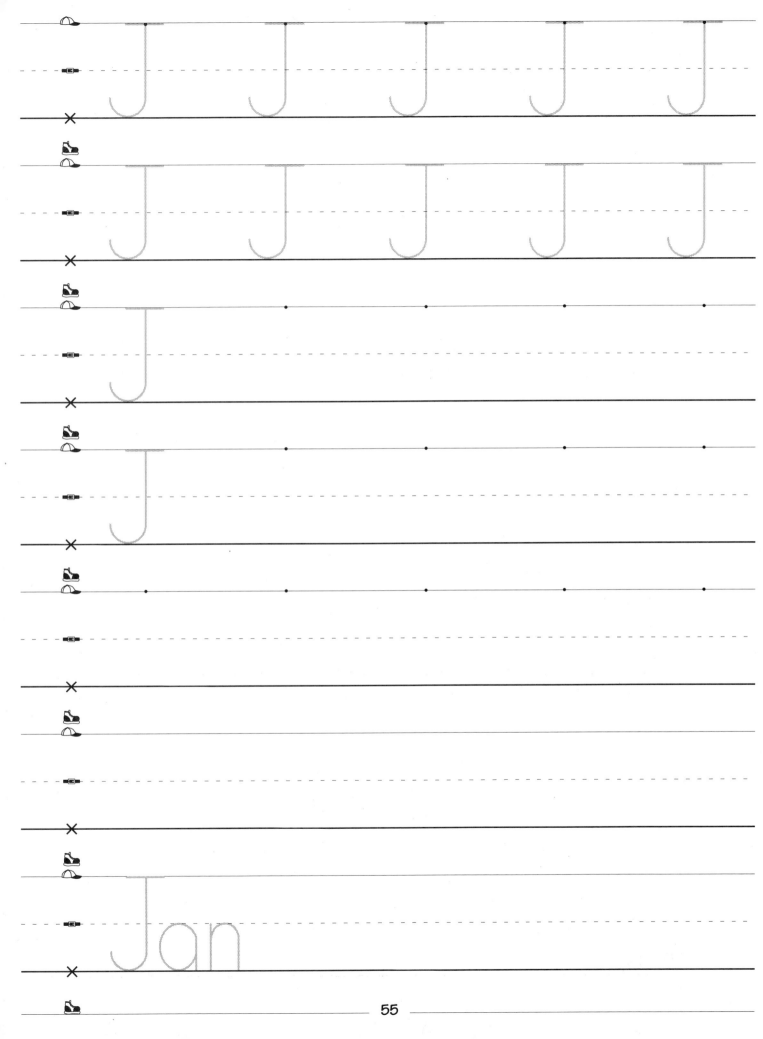

J J J J J

J J J J J

J

J

Jan

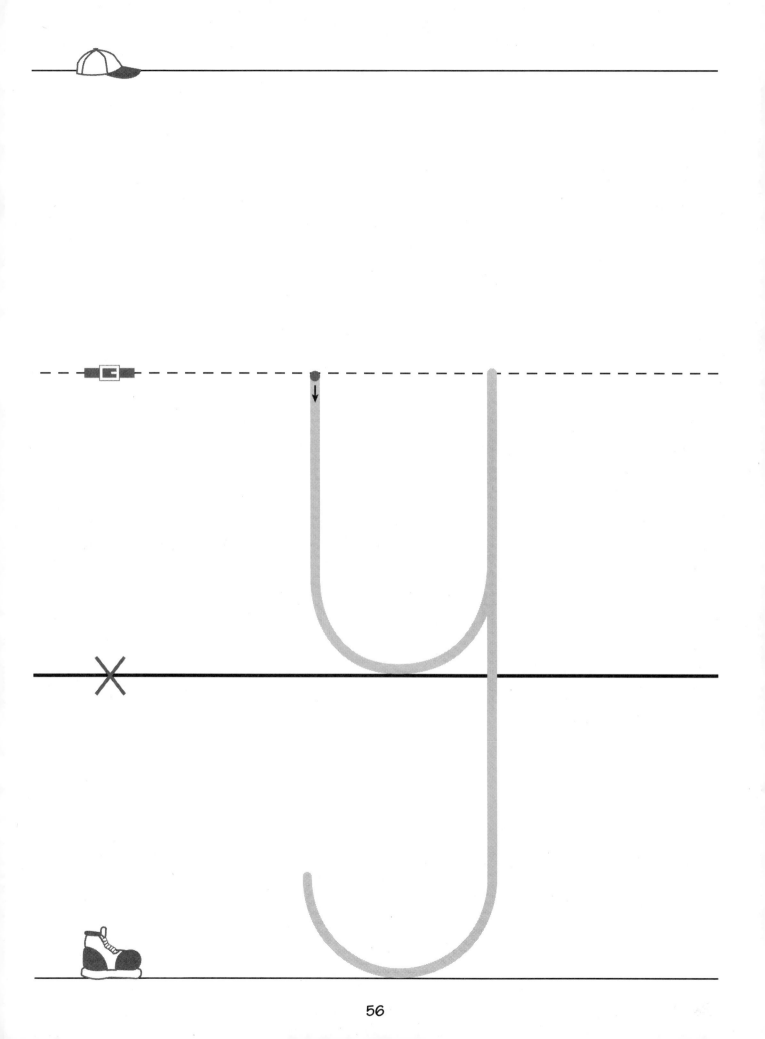

y y y y y

y y y y y

y

y

yams

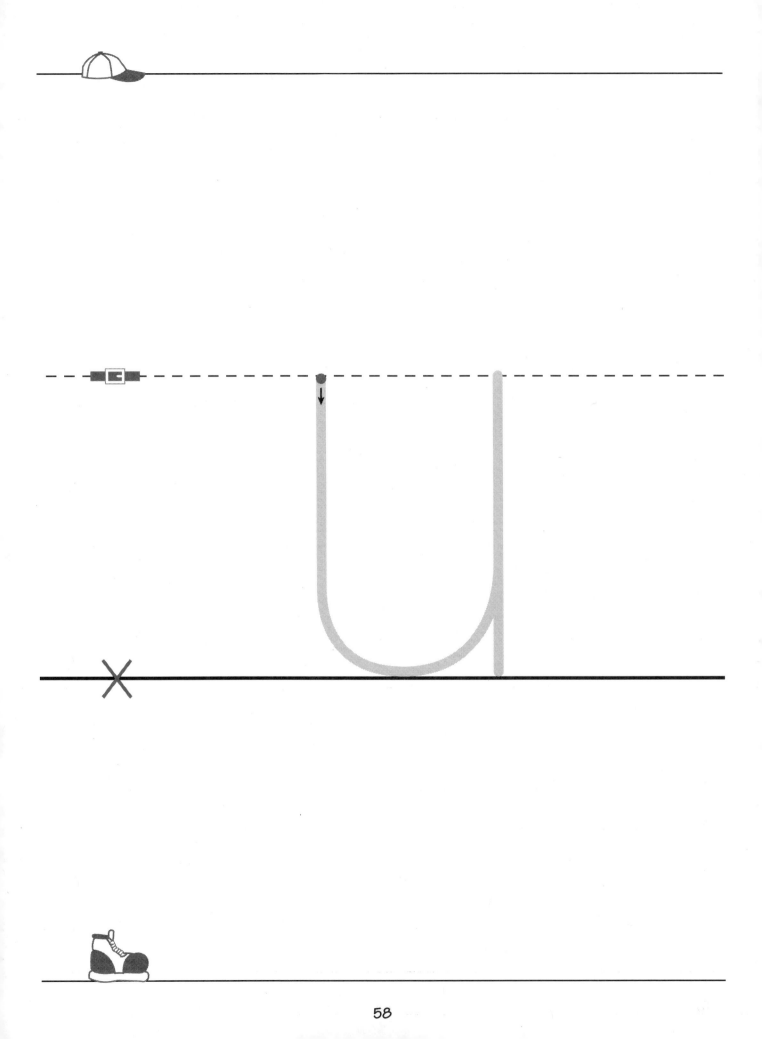

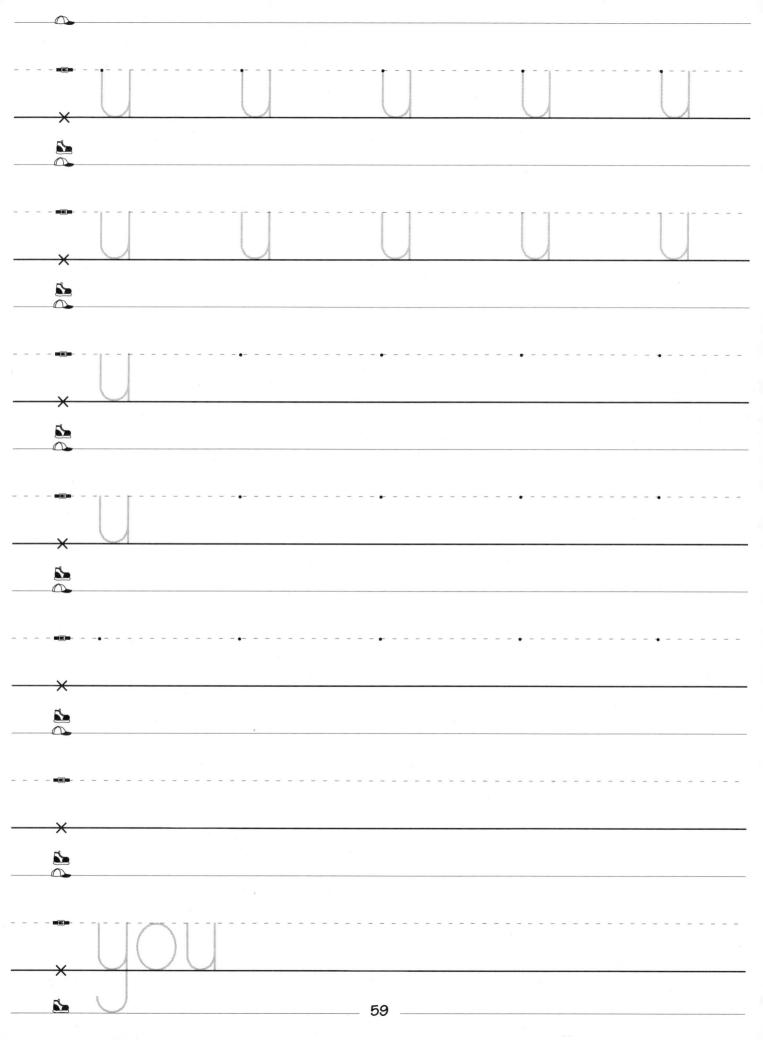

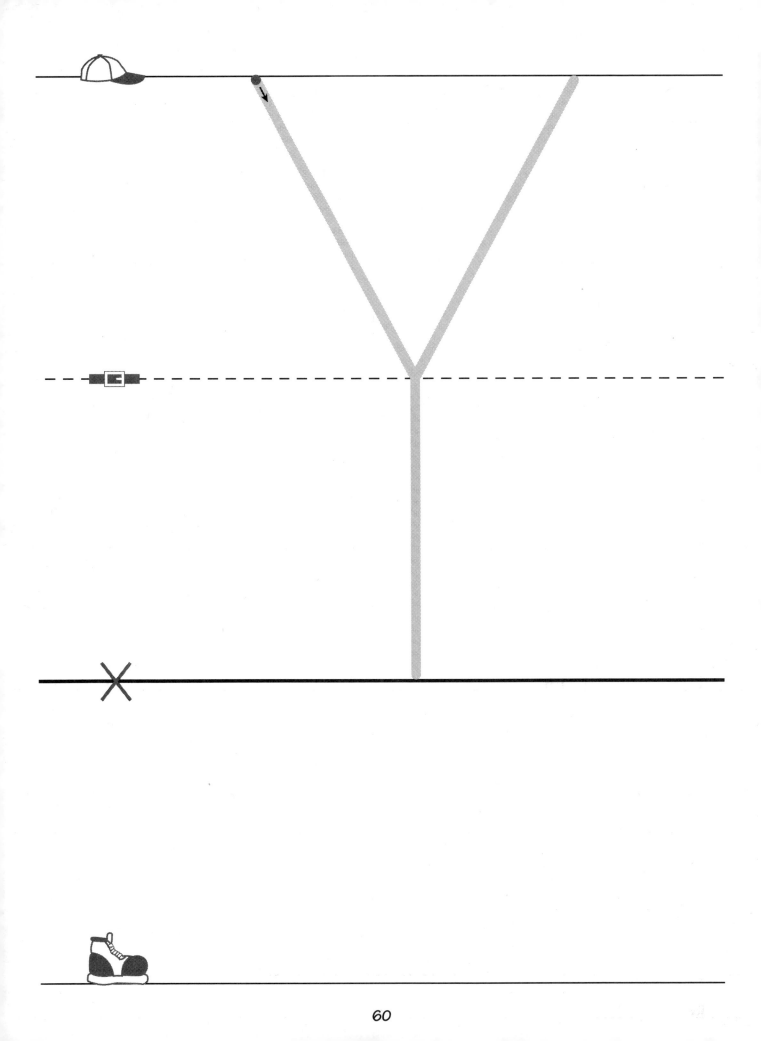

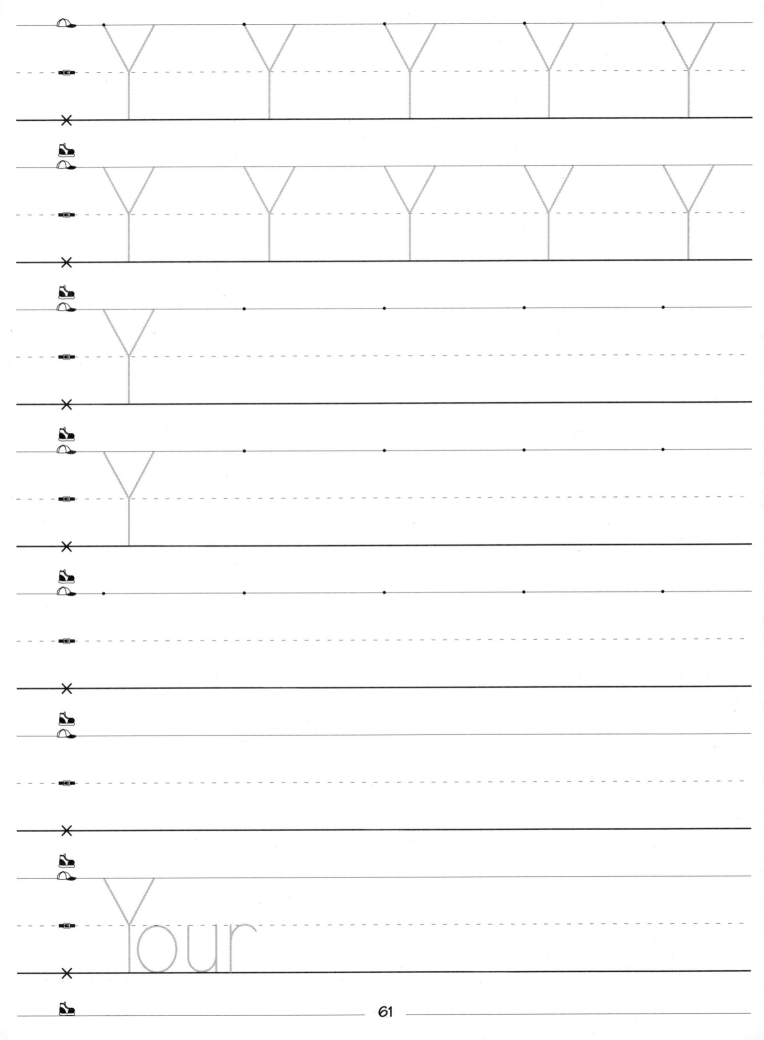

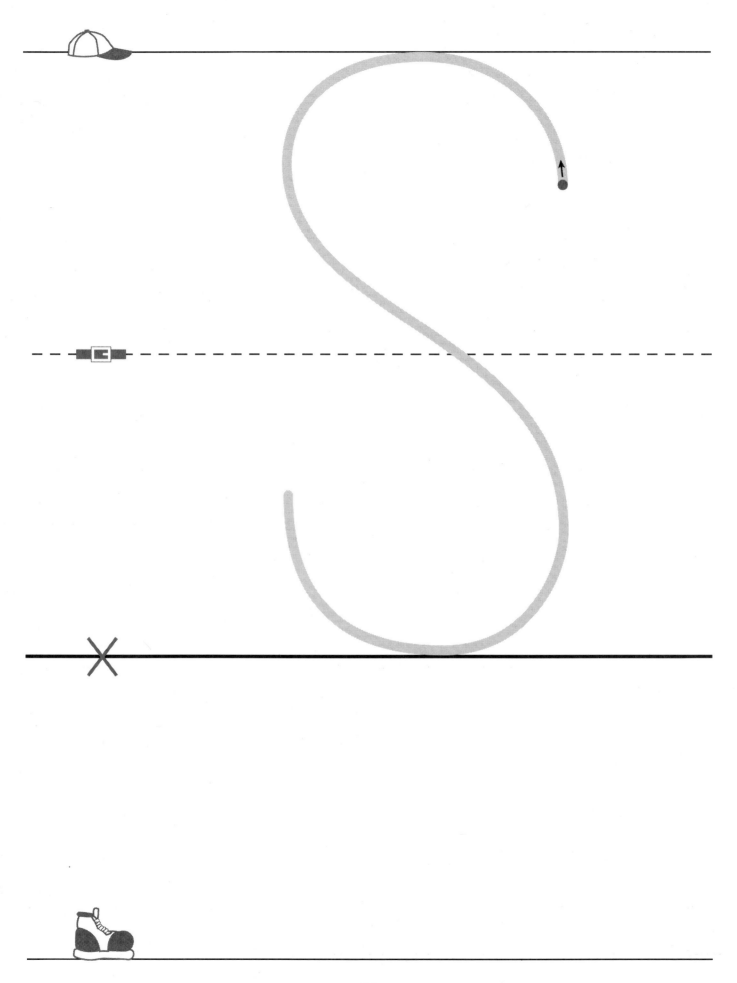

S S S S S

S S S S S

S · · · ·

S · · · ·

· · · · ·

Sam

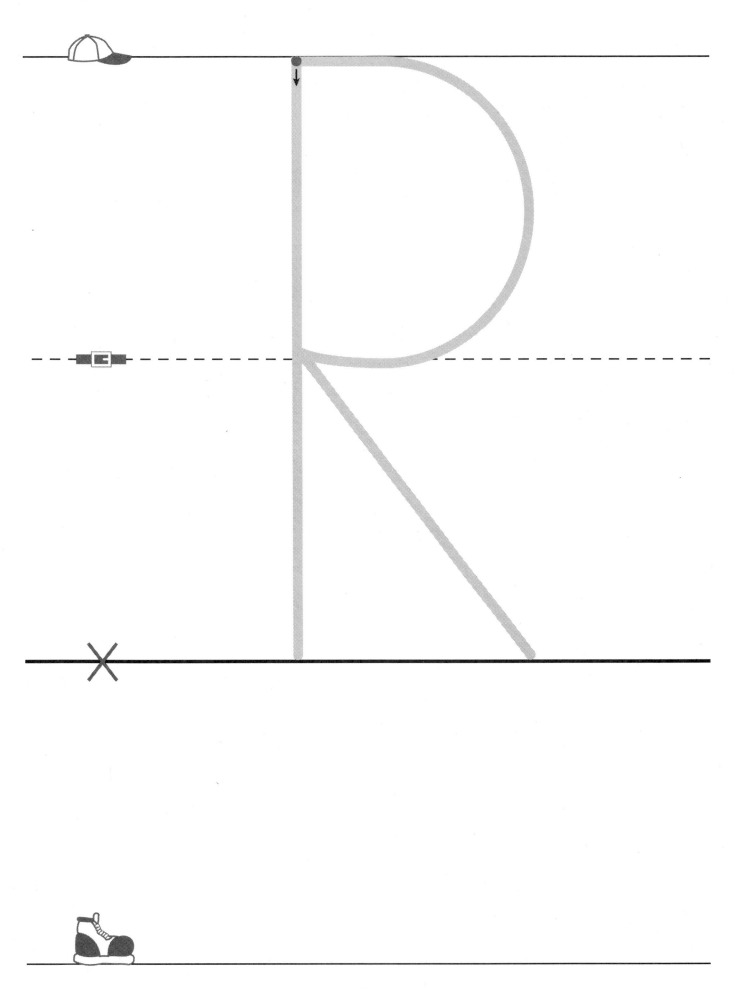

R R R R R

R R R R R

R

R

Rags

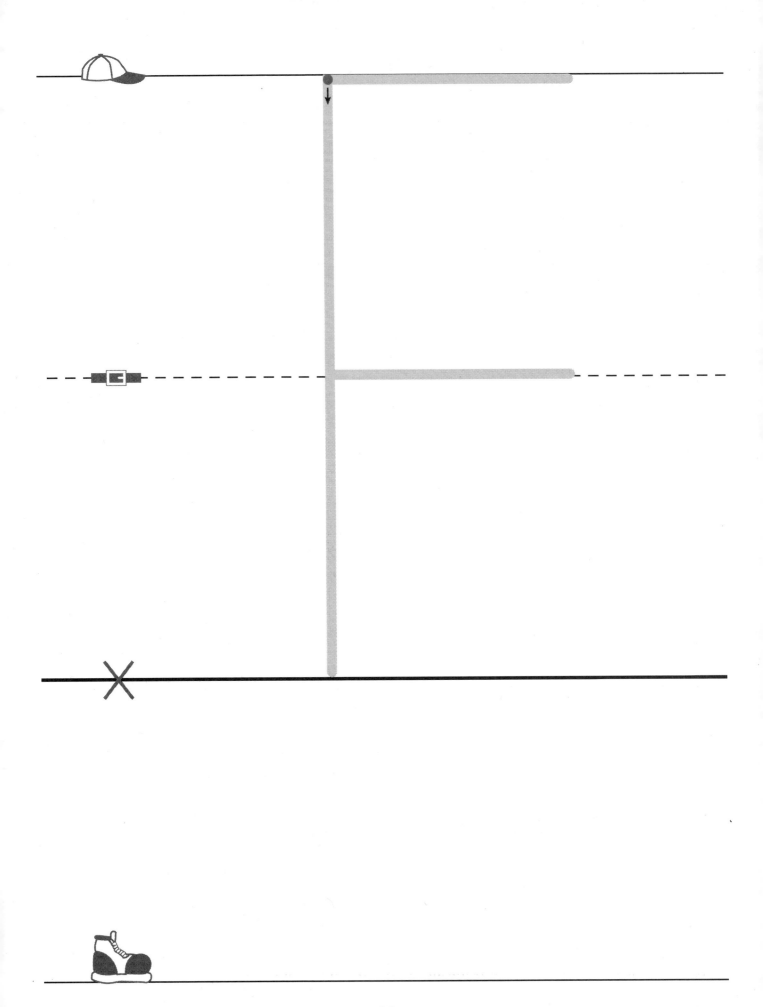

Fran

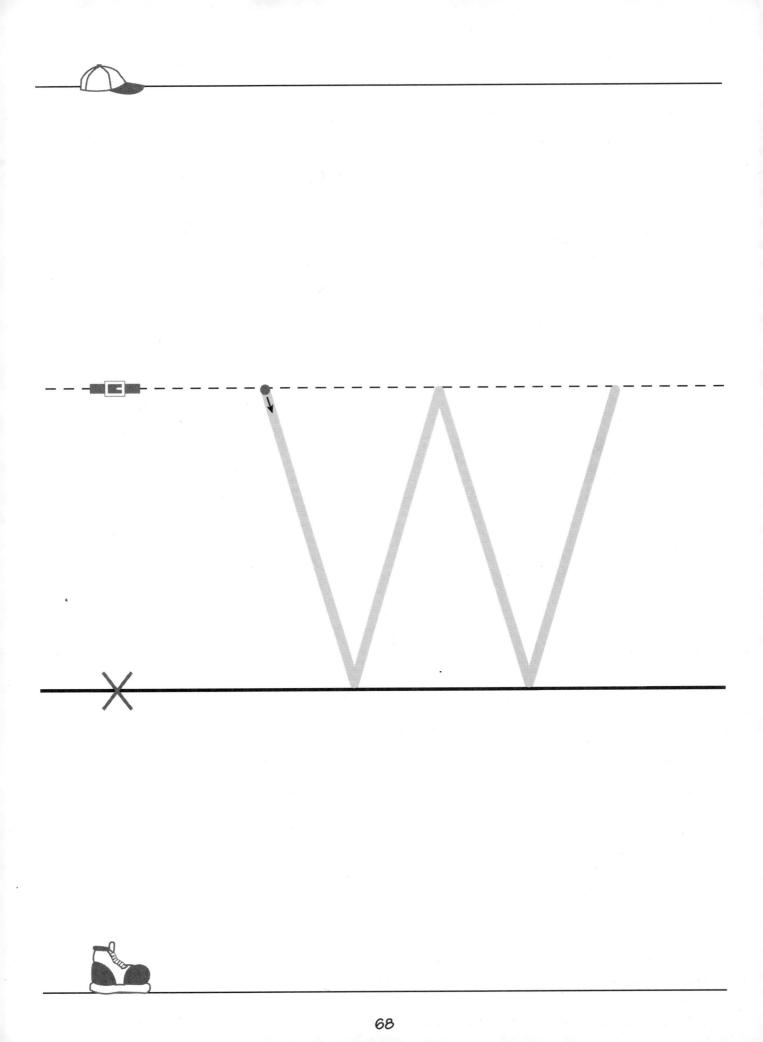

W W W W W

W W W W W

W

W

wags

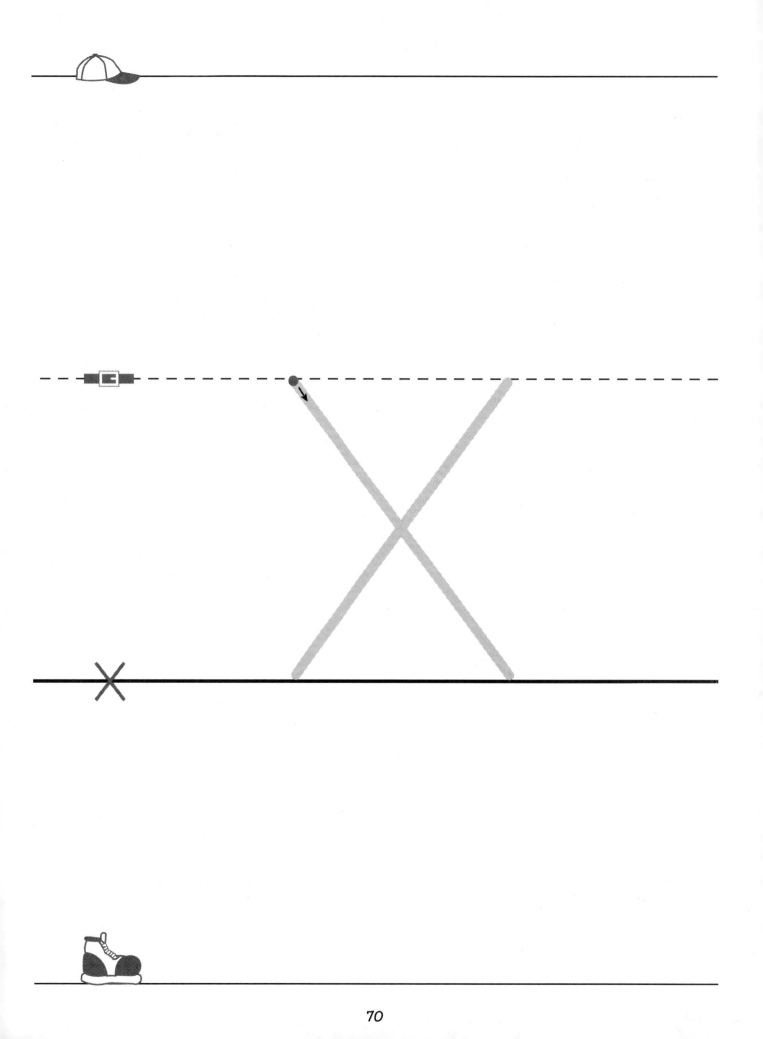

X X X X X

X X X X X

X

X

wax

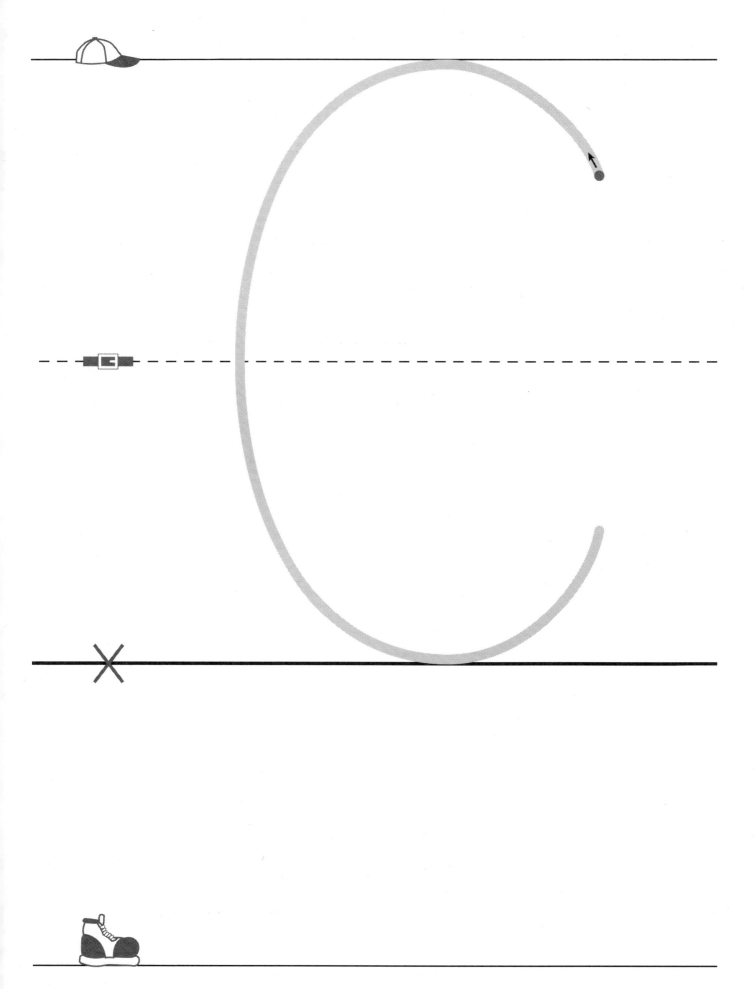

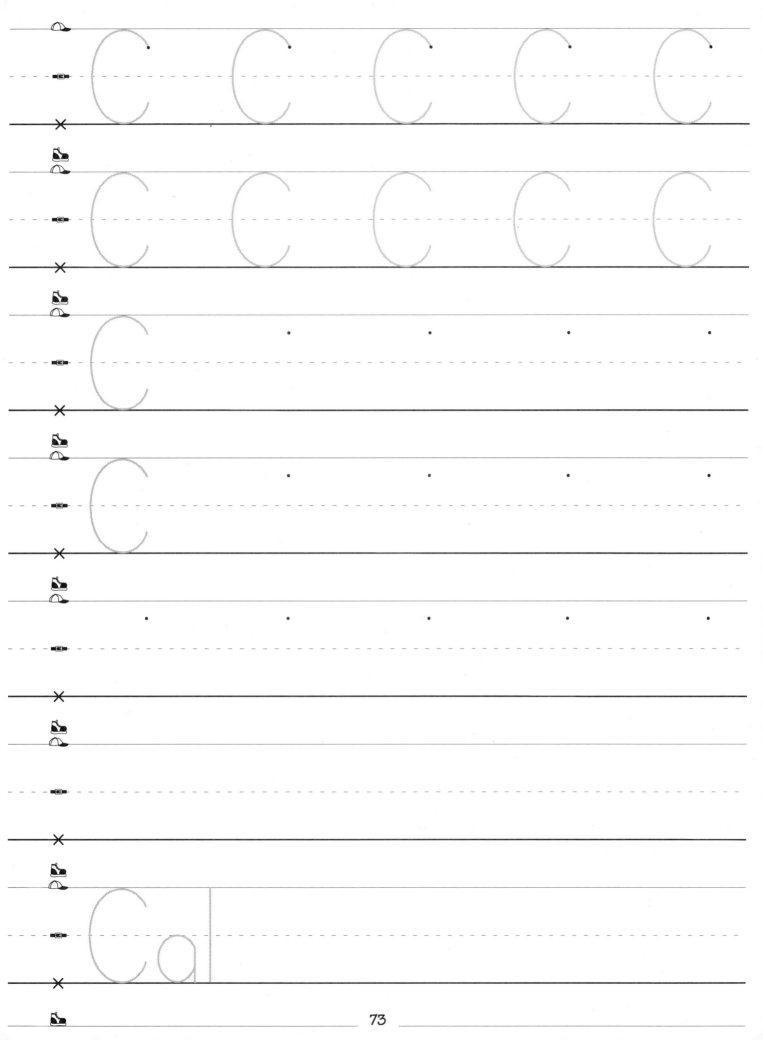

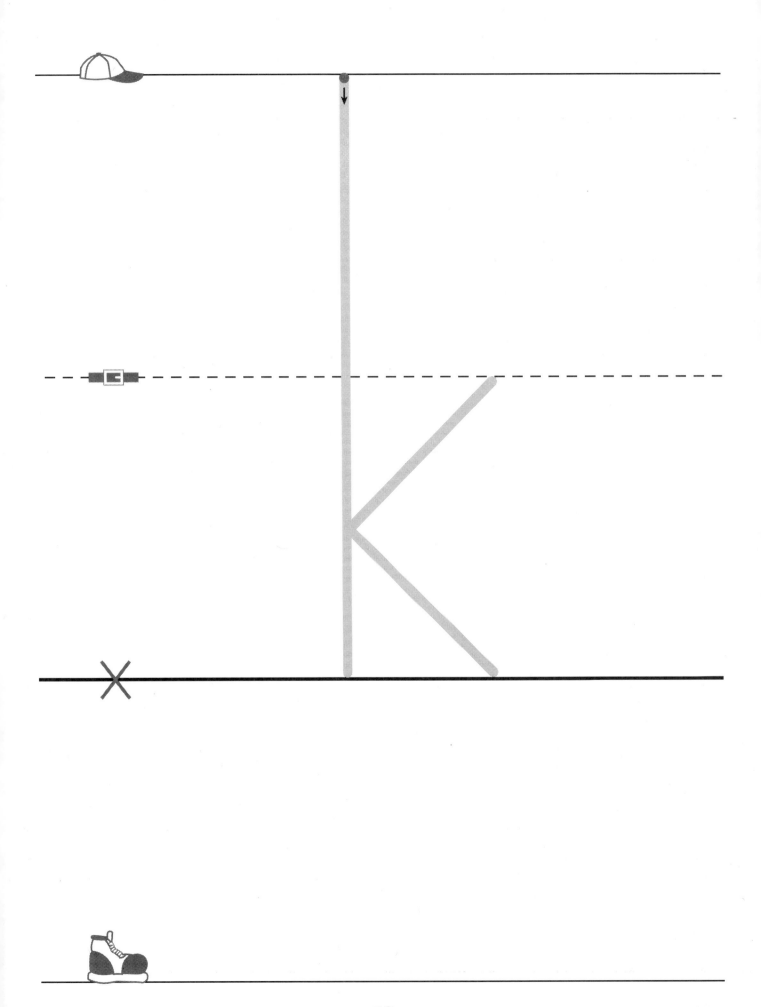

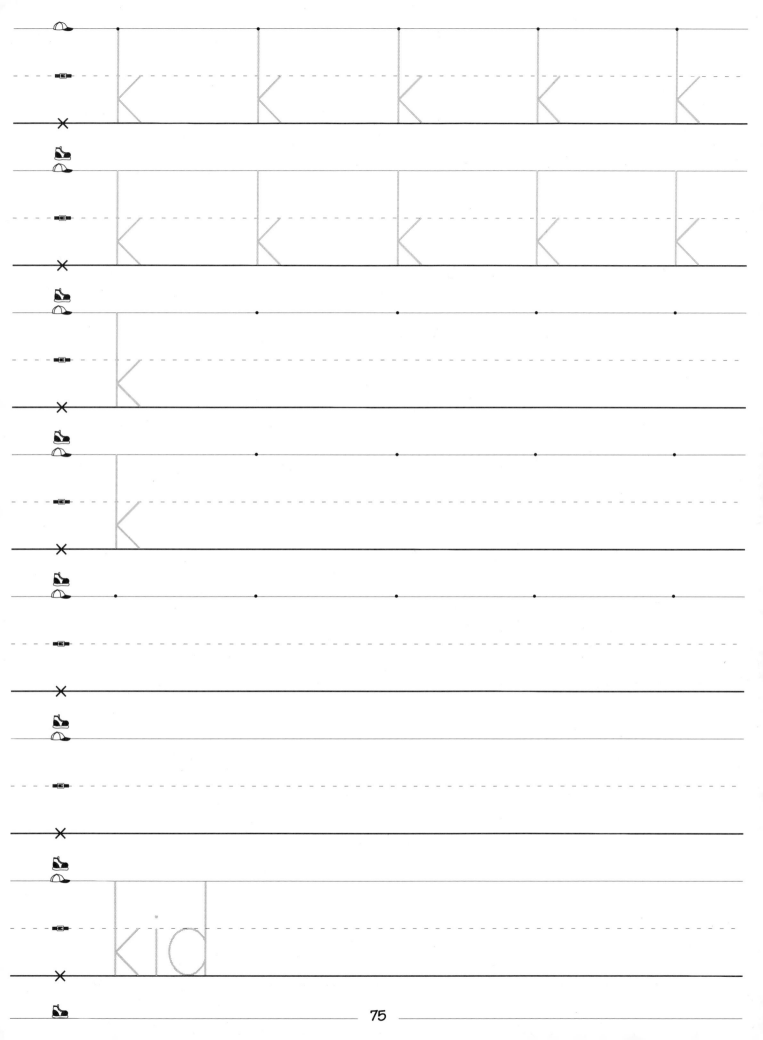

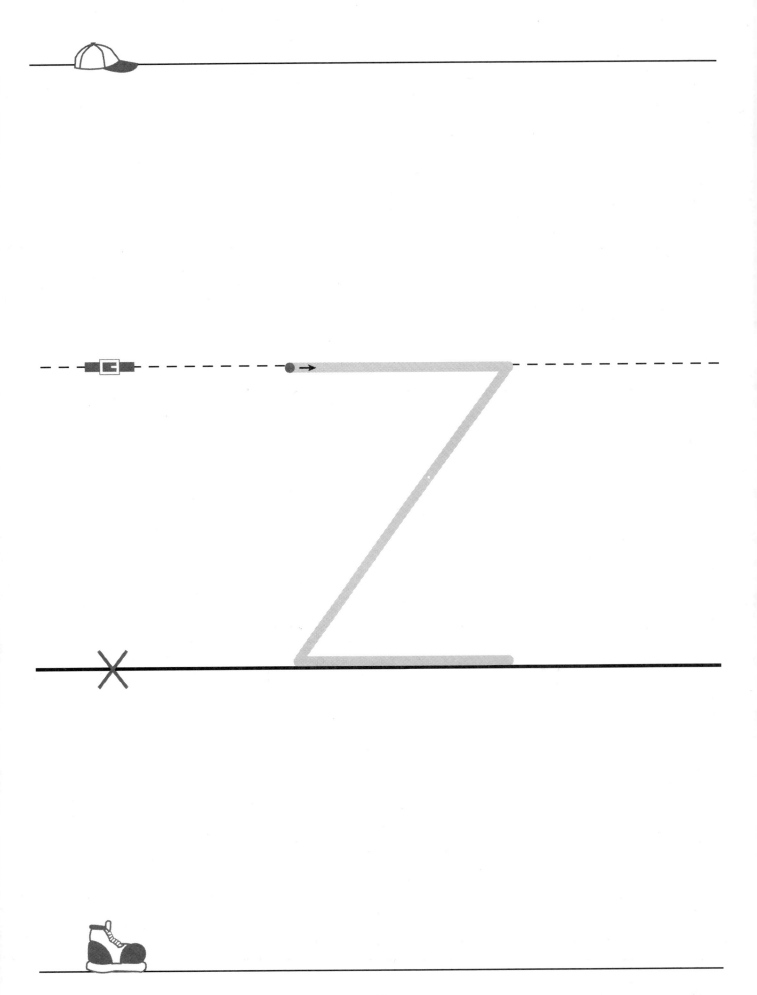

z z z z z

z z z z z

z

z

zigzag

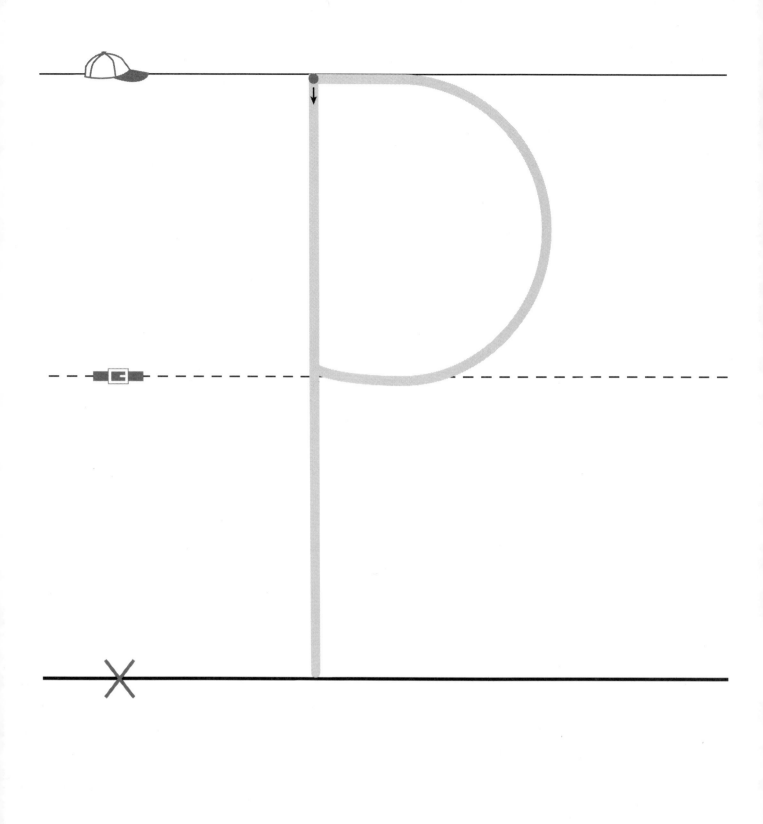

Pam

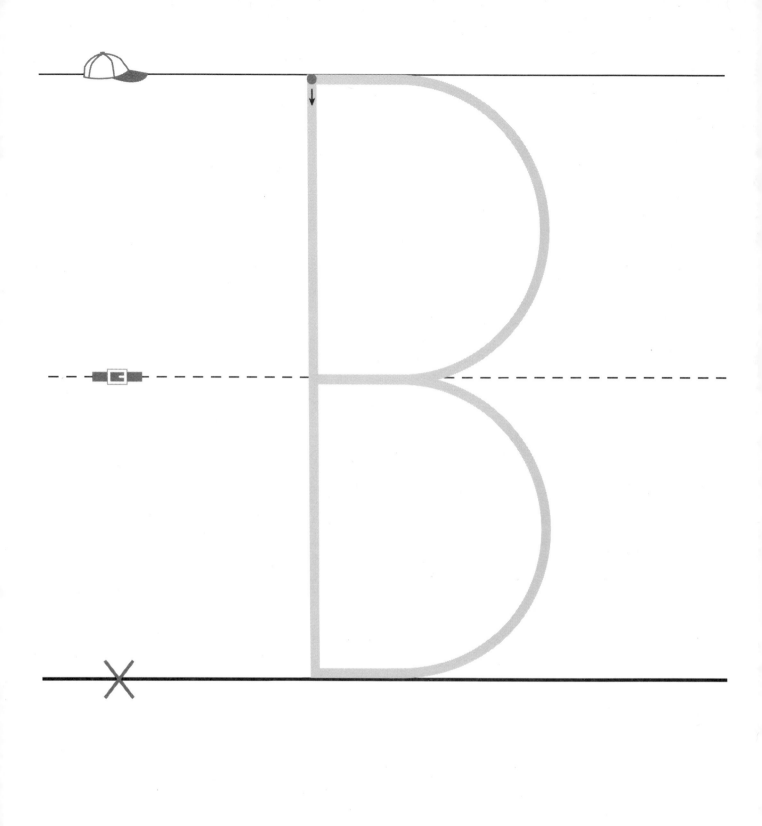

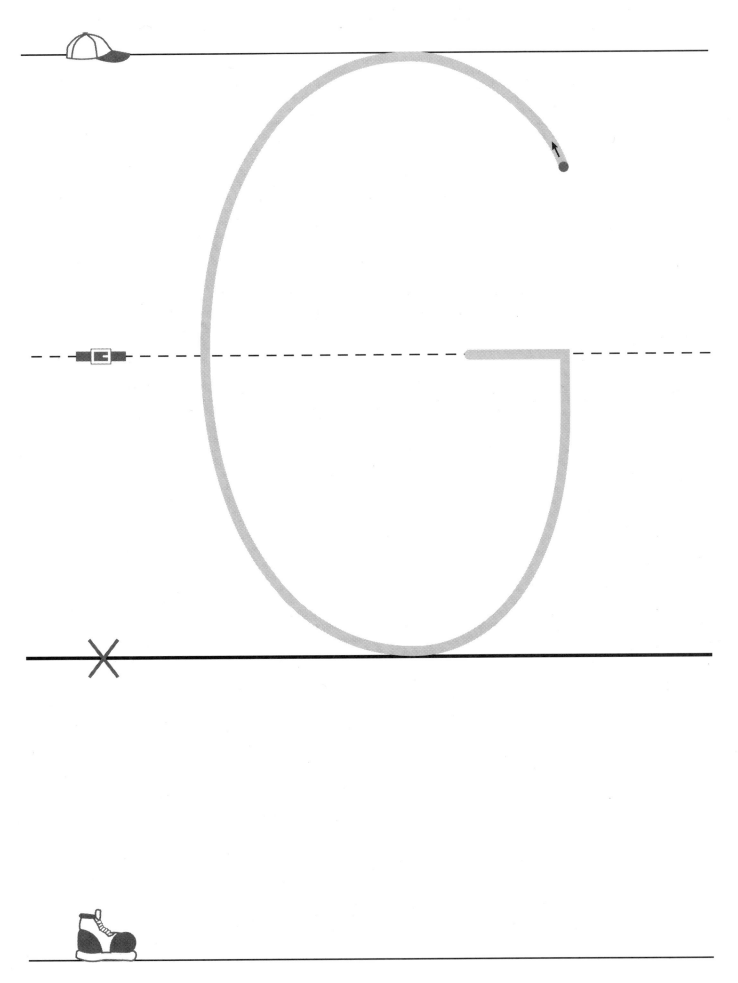

G G G G G

G G G G G

G

G

Gus

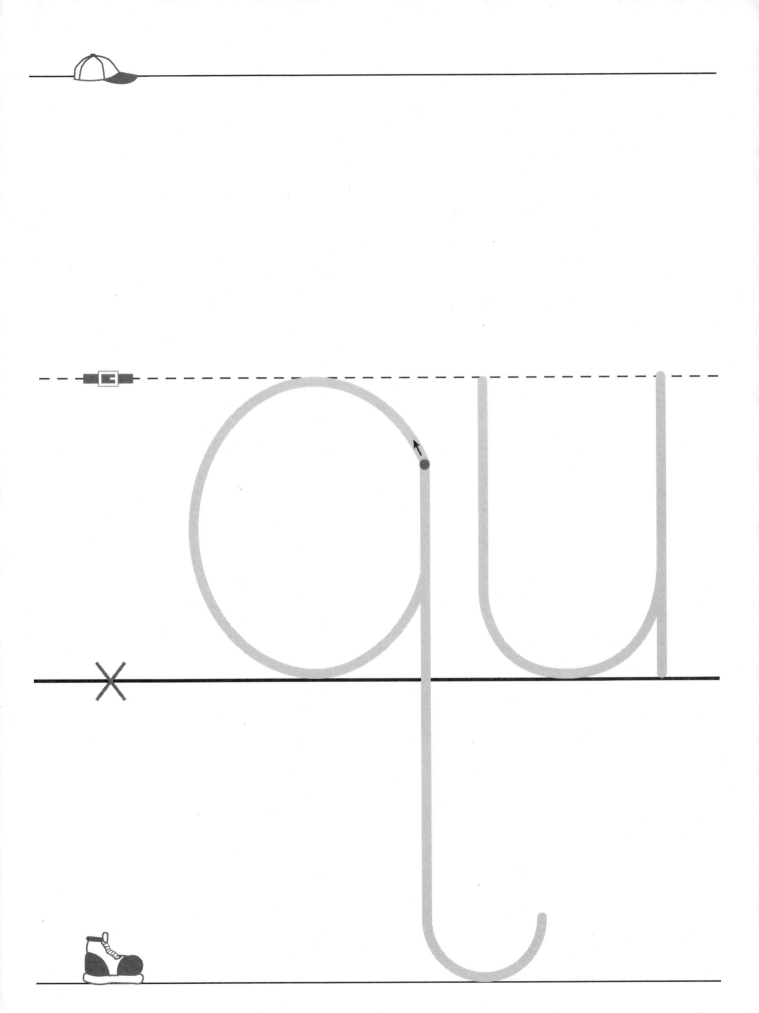

qu   qu   qu   qu

qu   qu   qu   qu

qu

qu

quiz

u

qu

y

w

x

k

z

quiz

wax

fix

yam

milk

quit

kit

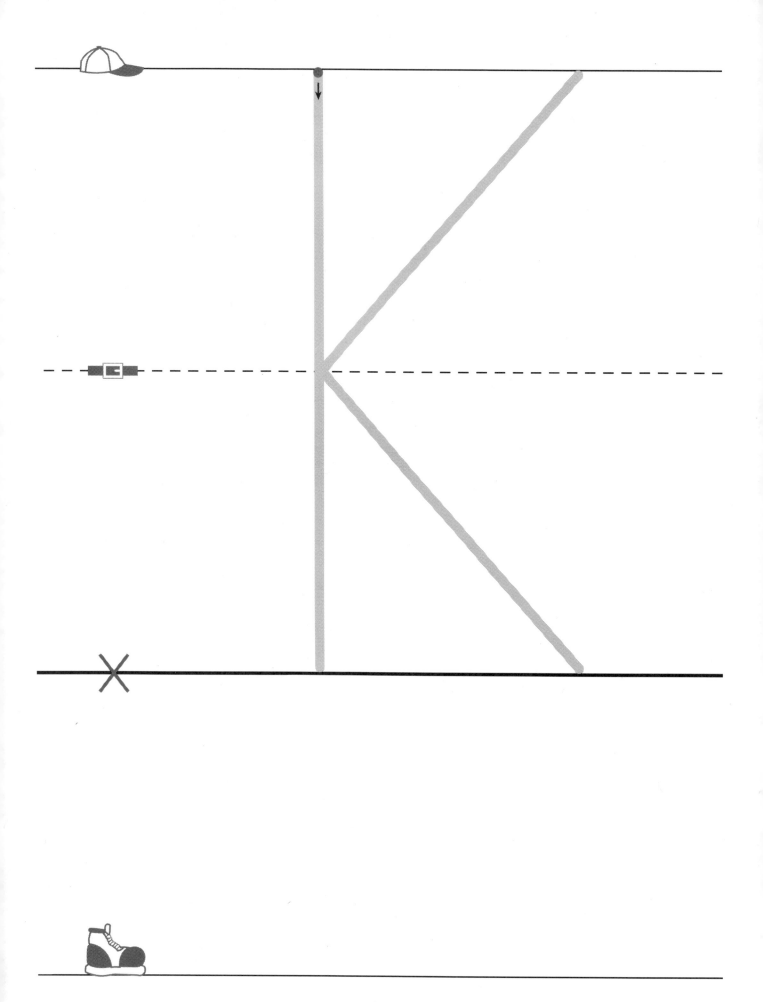

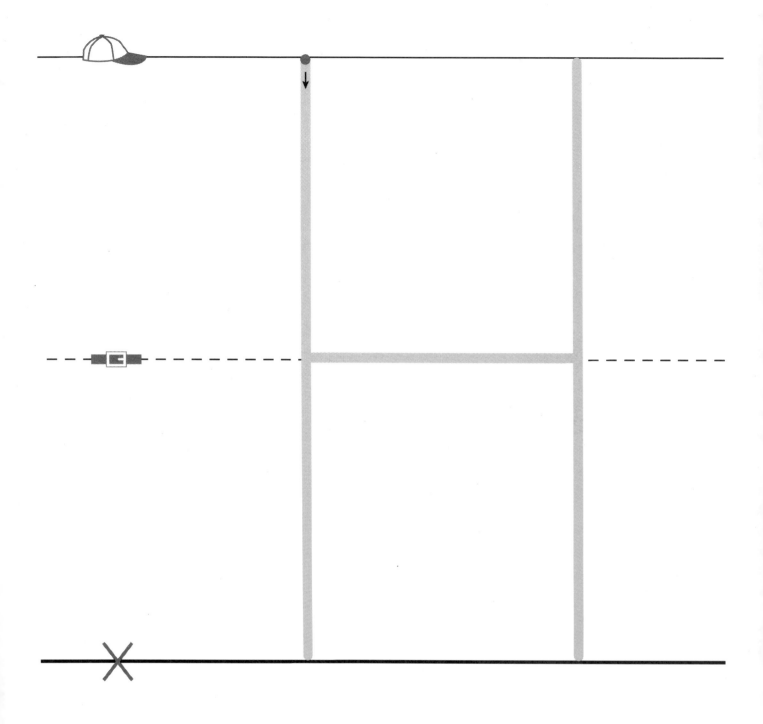

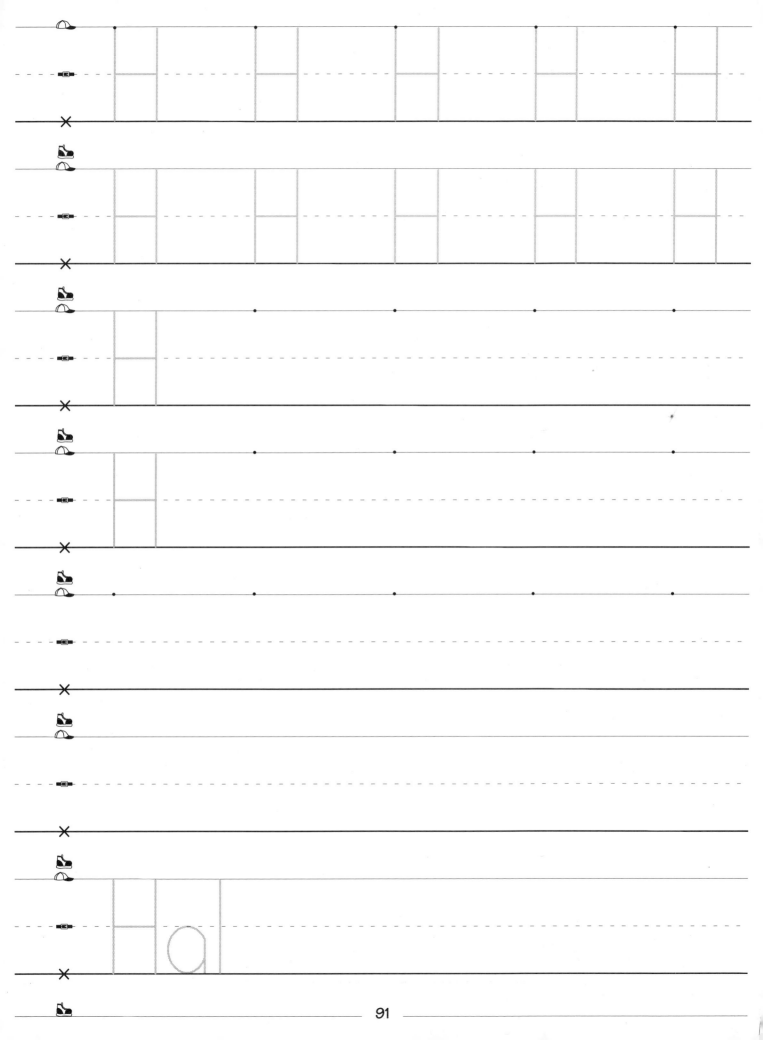

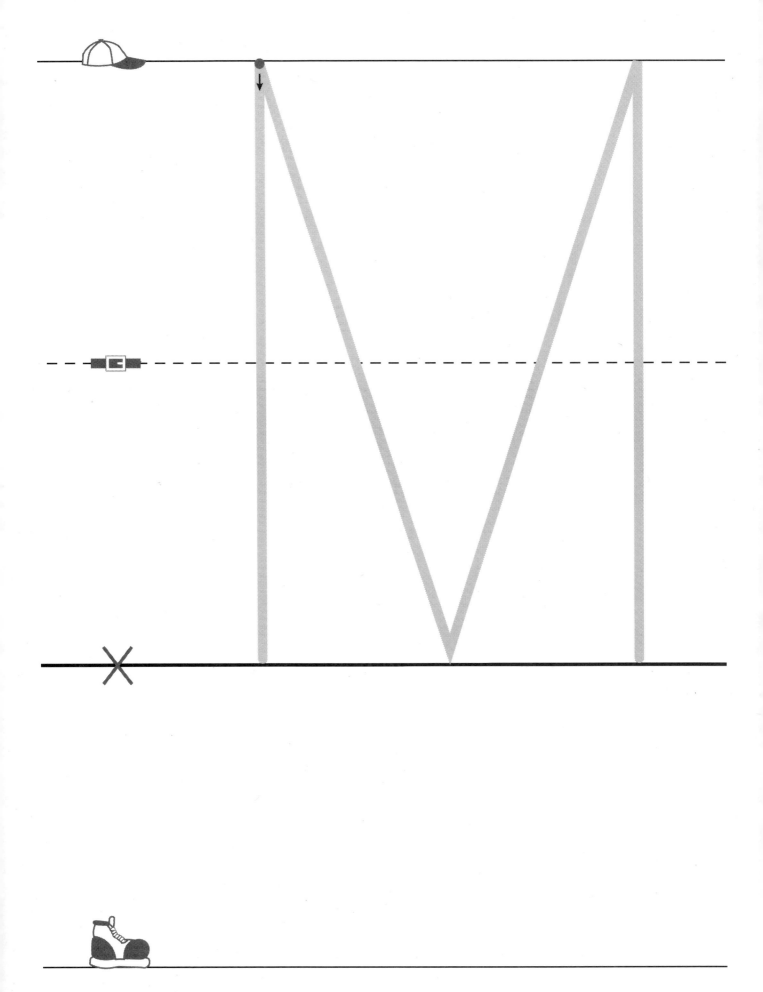

M M M M M M

M M M M M M

M

M

Max

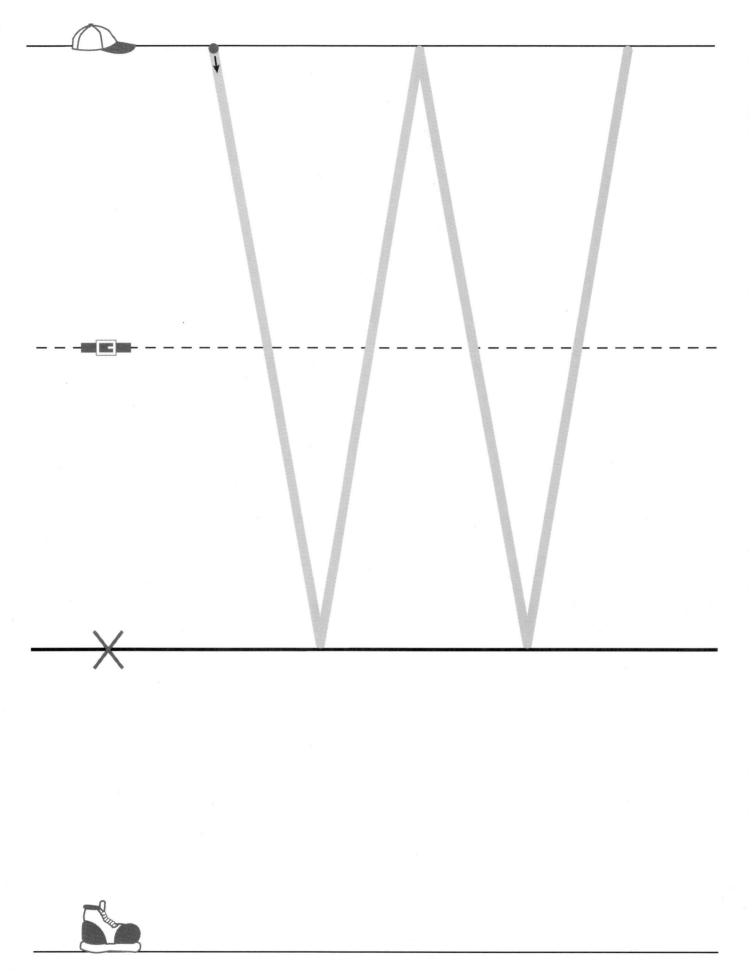

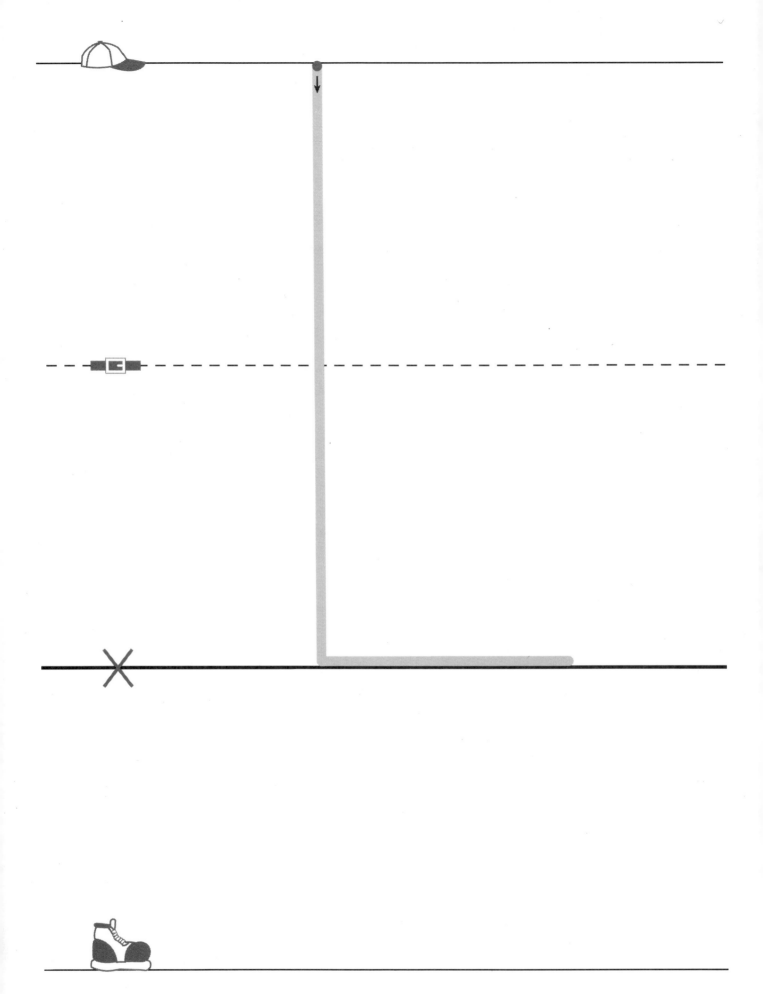

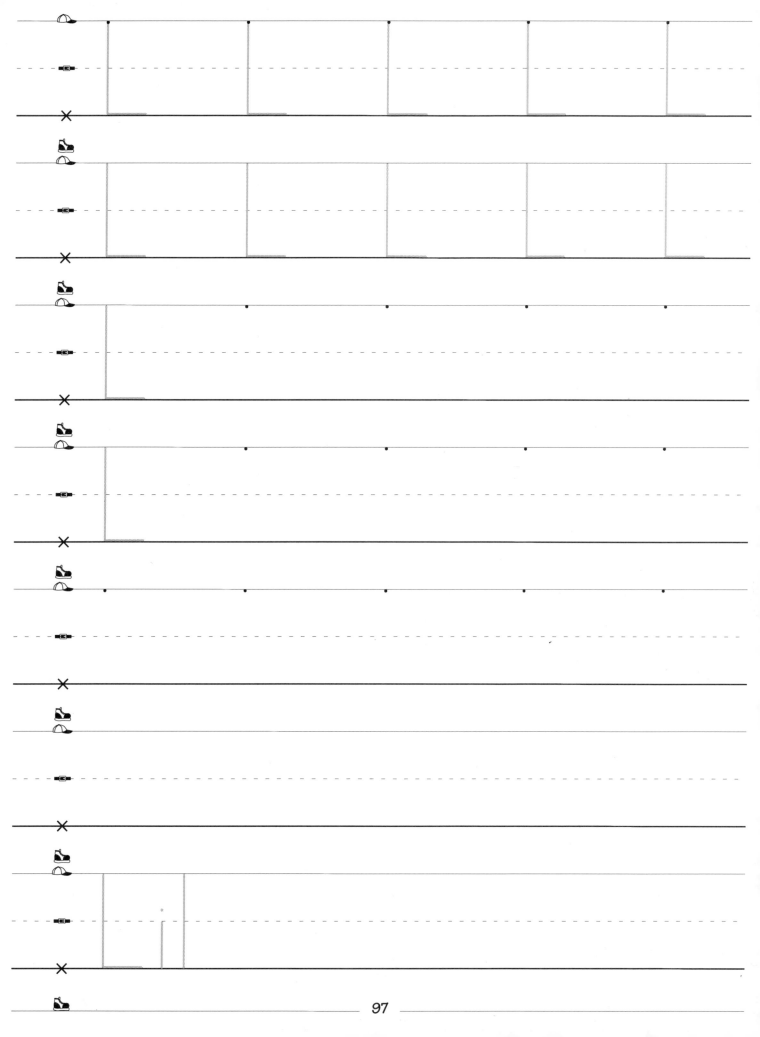

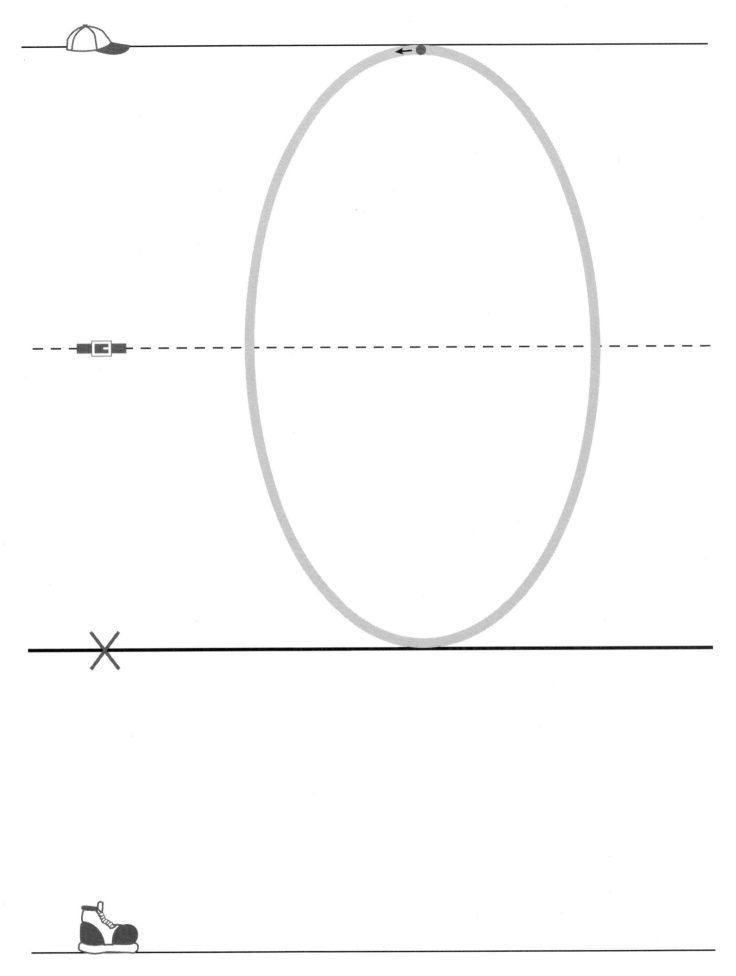

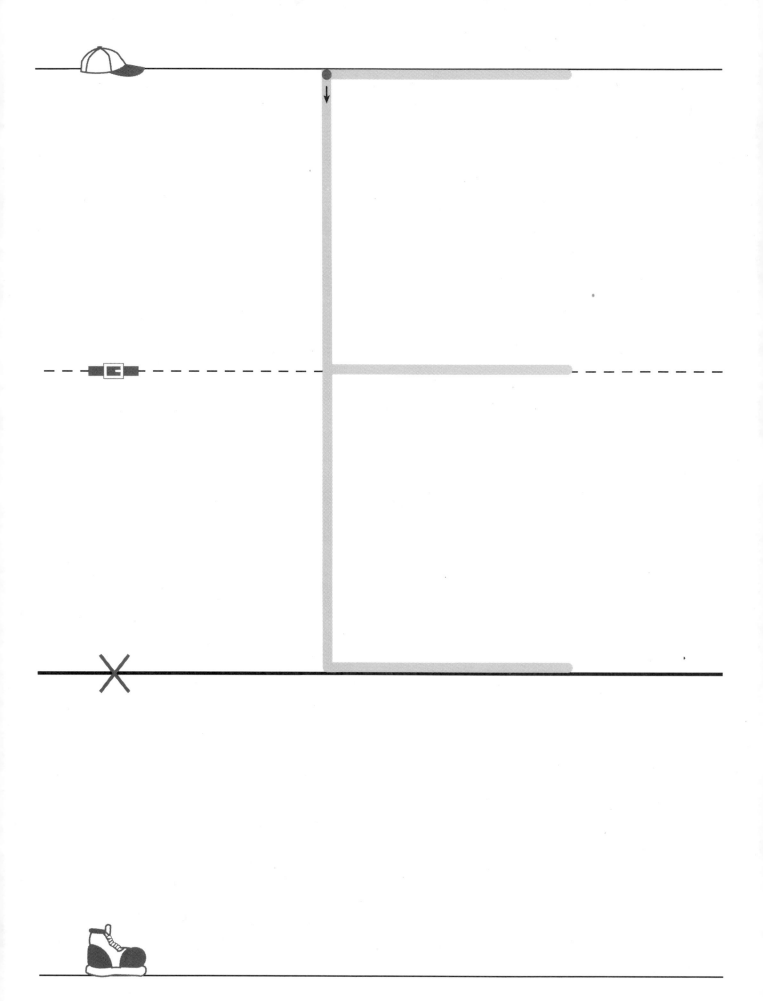

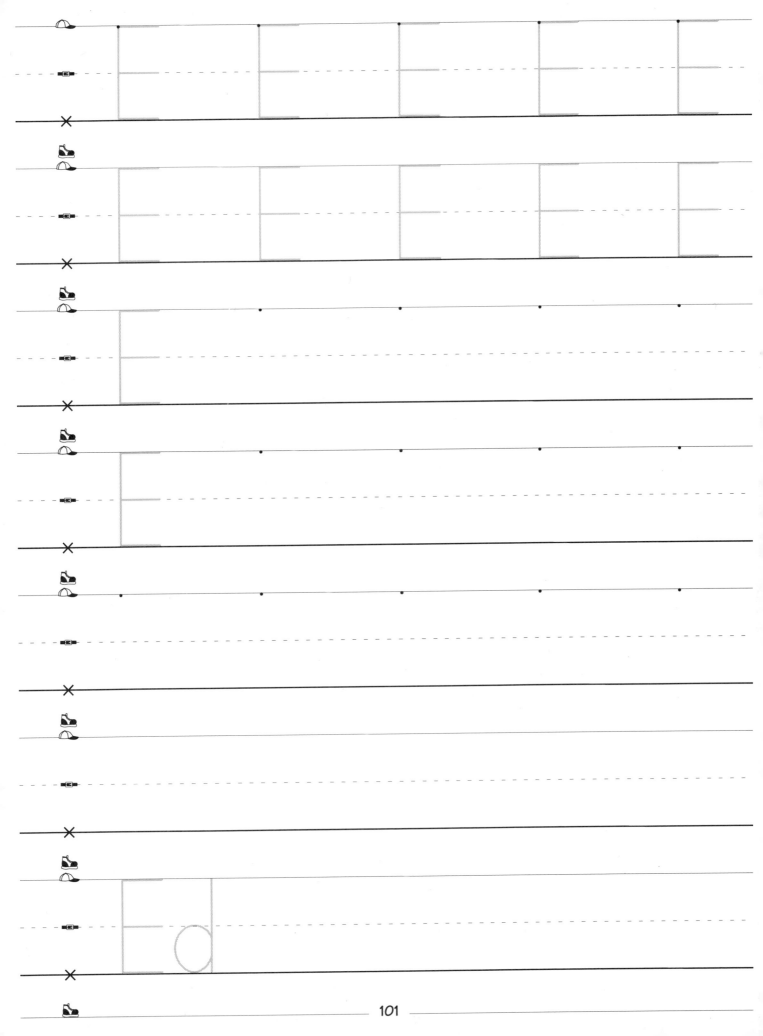

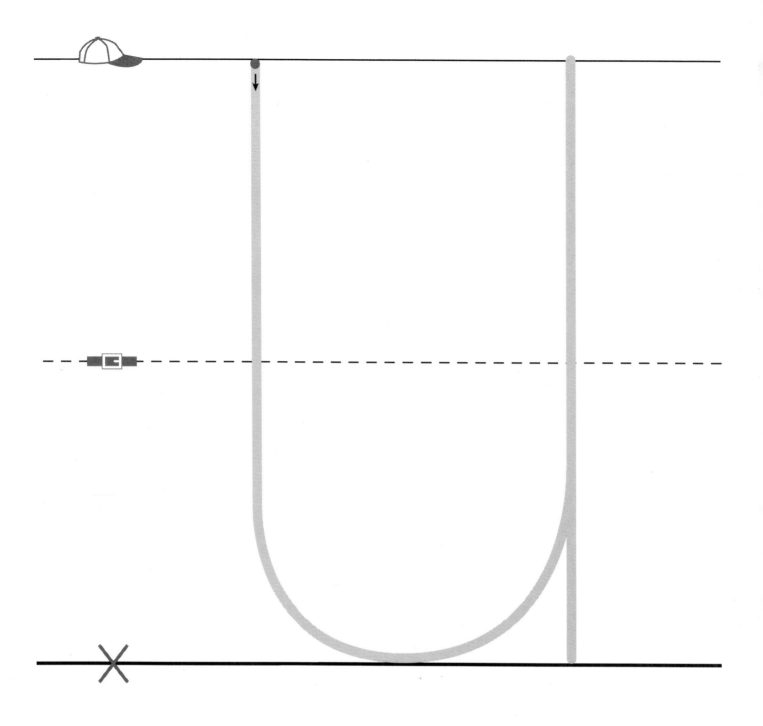

U U U U U

U U U U U

U

U

USA

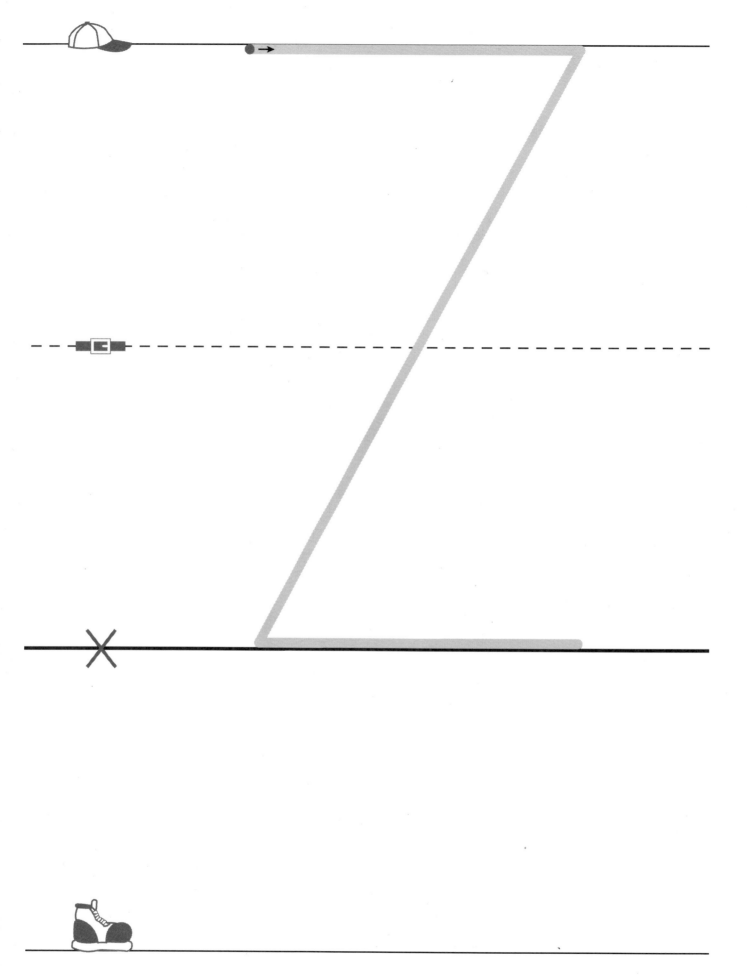

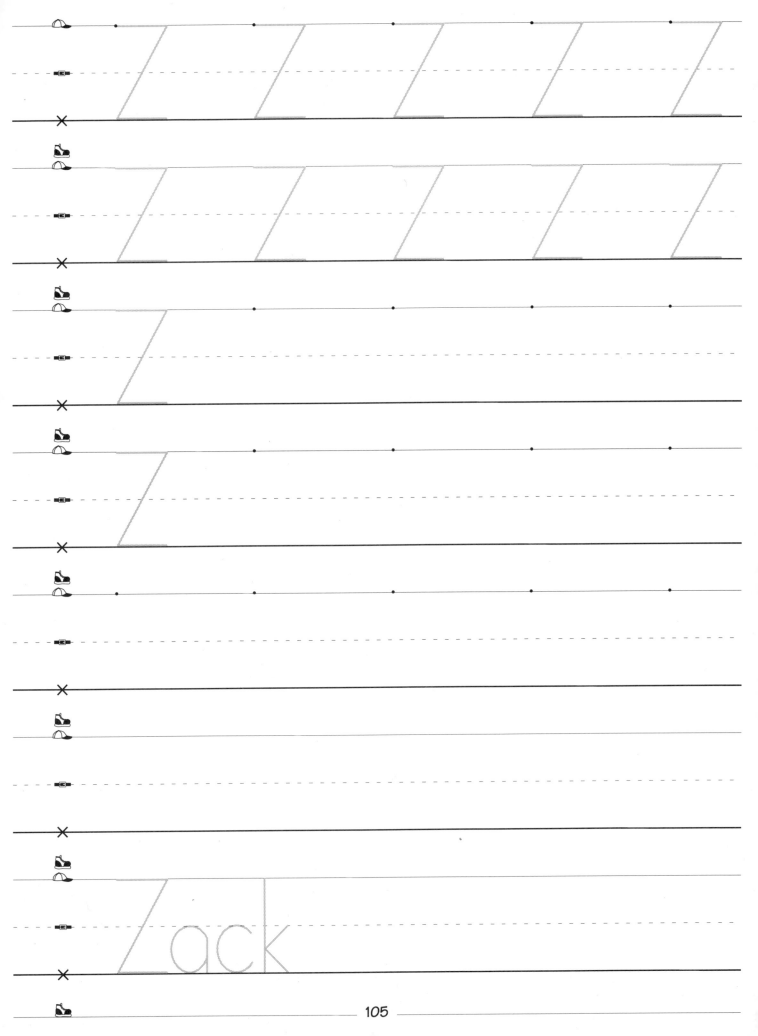

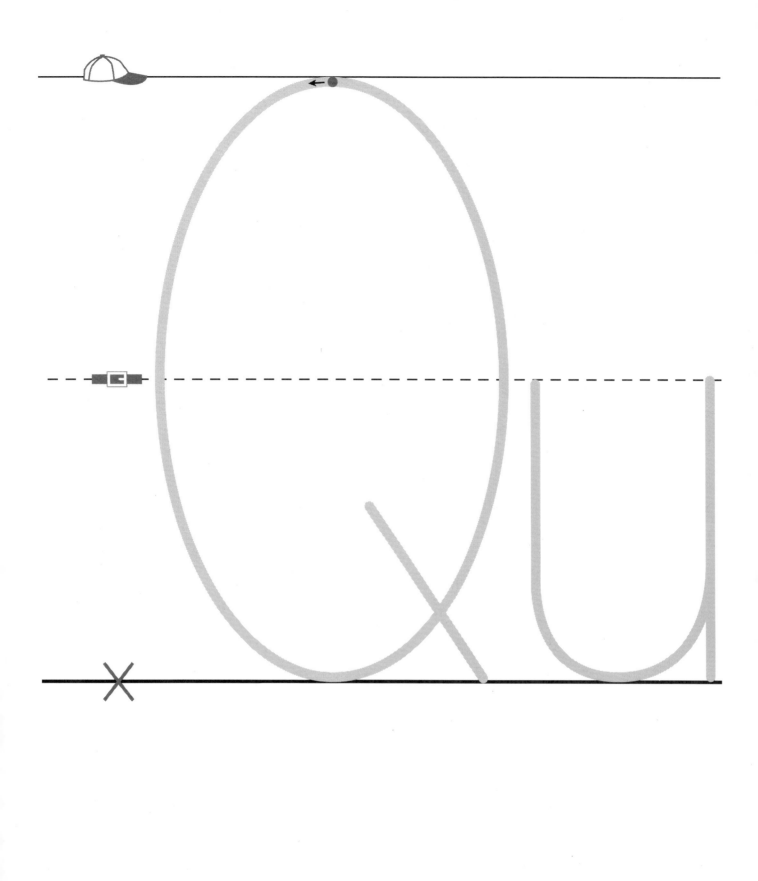

Qu Qu Qu Qu

Qu Qu Qu Qu

Qu

Qu

Quick!

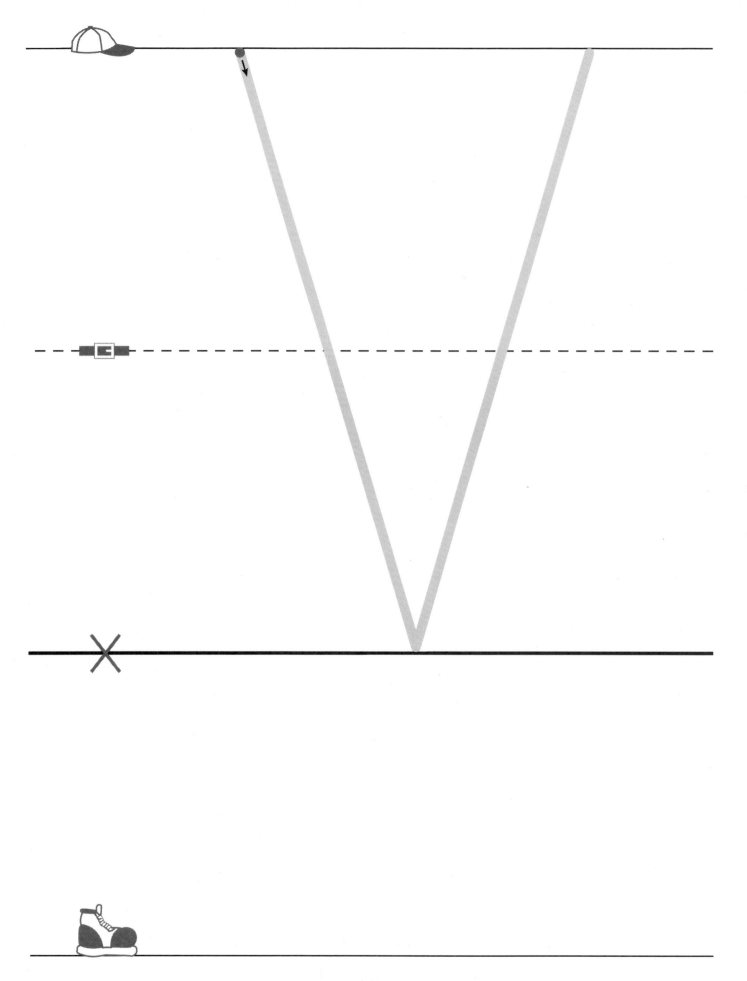

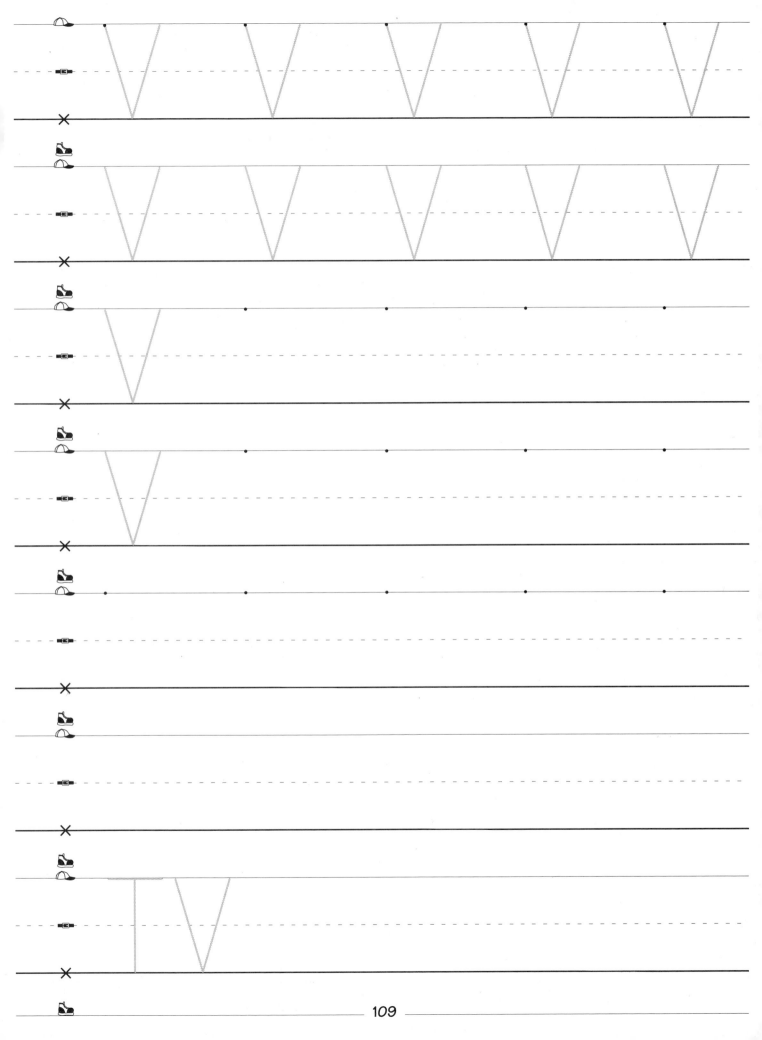

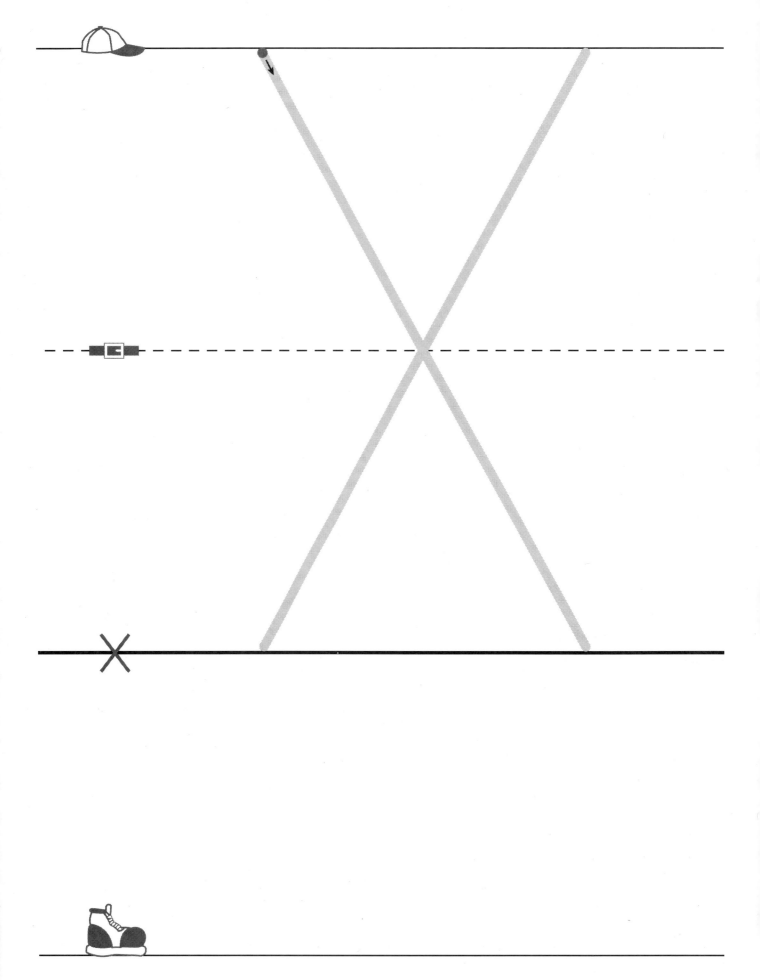